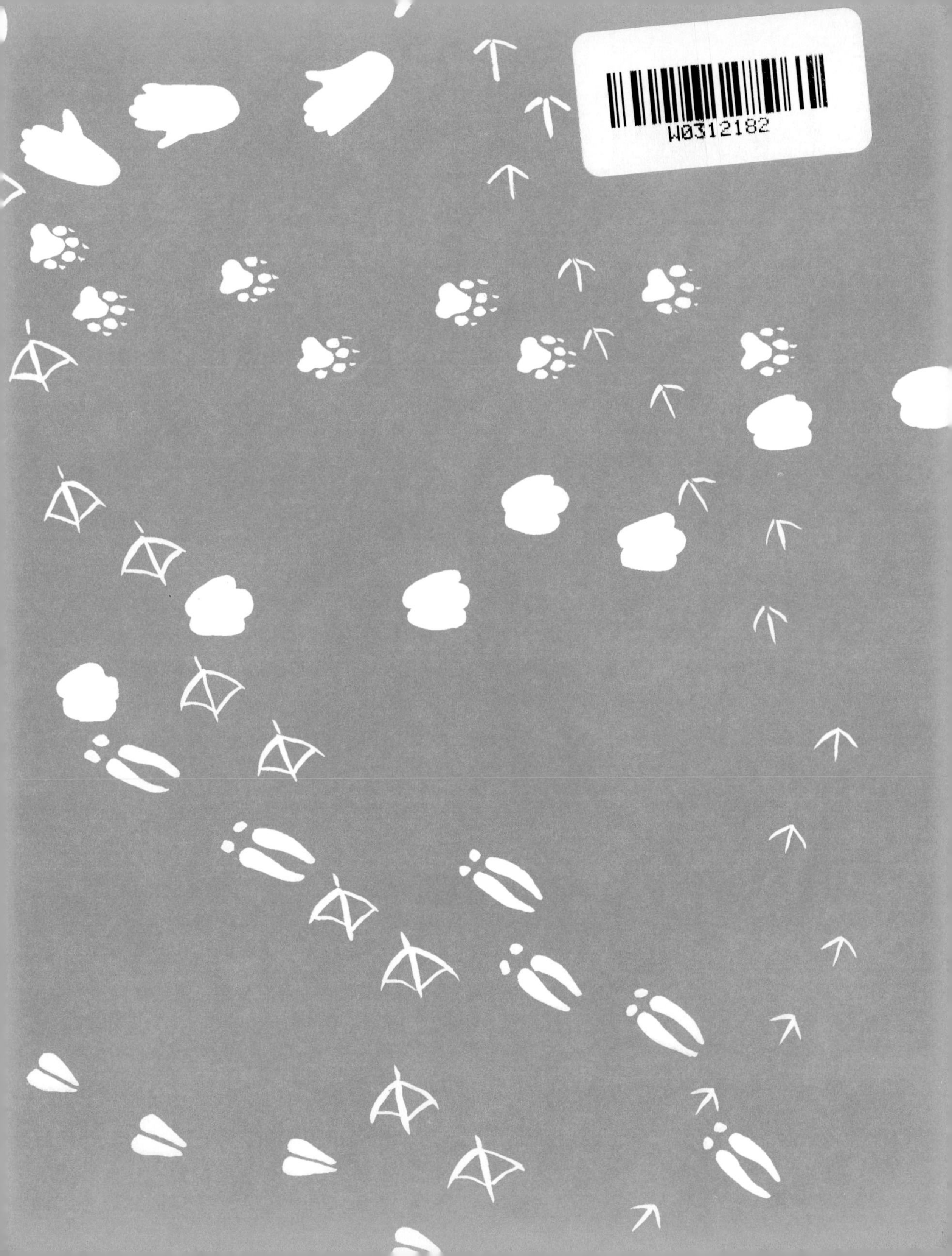

Von Ameise bis Zebra

Die spannendsten Tiere Berlins aus Zoo, Tierpark und Aquarium

Berliner Morgenpost

Liebe Leserinnen, liebe Leser

seit vielen Jahren finden Sie in der *Berliner Morgenpost* Kolumnen über die Tiere aus Zoo, Tierpark und Aquarium. Jetzt haben wir die besten 50 ausgewählt und zu diesem Buch zusammengefasst. Denn nicht nur Eisbär Knut begeistert die Besucher. Ob Ameise oder Gelbbrustkapuziner, Tigerpython oder Zebra – zu jedem Tier erzählt unsere Reporterin Tanja Laninger spannende Geschichten. Wussten Sie beispielsweise, das Haidame Nicki auf einem Fischmarkt in Tokio geboren – und vor dem Verzehr gerettet – wurde?

Oder, dass es im Tierpark Einhörner gibt? Es sind die Oryxantilopen, deren gerade, spitze Hörner zu einem einzigen verschmelzen. Mit ihrem weißen Fell sind sie vermutlich zum Vorbild für das sagenumwobene Einhorn gewesen.

Unser Buch schildert mit seinen Geschichten Wissenswertes, Unbekanntes und Kurioses aus der Berliner Tierwelt. Für einen schnellen Überblick haben wir für jedes Tier jeweils einen kurzen Steckbrief erarbeitet. Und ein umfangreicher Serviceteil bietet Informationen zu Öffnungszeiten, Kindergeburtstagen und Märchenstunden und natürlich finden Sie alle Lagepläne mit den jeweiligen Gehegen in Zoo und Tierpark in diesem Buch.

Wer Lust hat, kann nach dem Besuch der Tiere eine der zahlreichen Illustrationen ausmalen. Am Ende steht noch ein Quiz, mit dem jeder sein Wissen testen kann. Ein Buch für die ganze Familie. Zum Lesen und Vorlesen.

Viel Spaß beim Entdecken der Tierwelt wünscht Ihnen
Ihr Carsten Erdmann,
Chefredakteur der *Berliner Morgenpost*

Inhalt

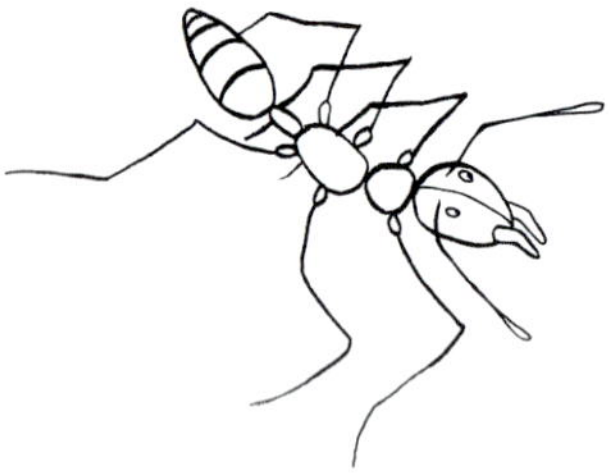

Von Ameise

bis Zebra

Service & Spaß

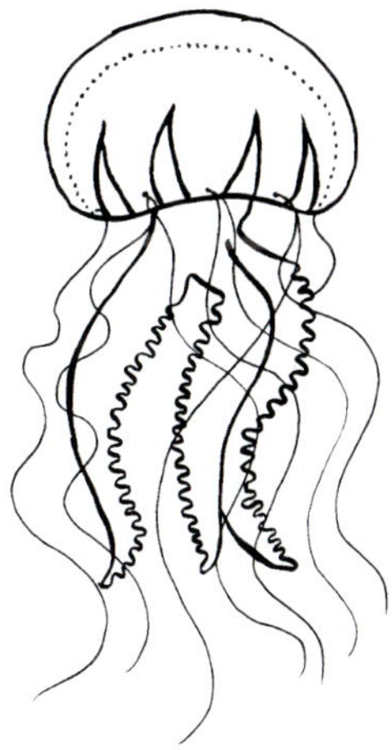

Herein-
spaziert!

Emsiges Völkchen

Man greift nicht rein. Nicht, wenn jemand zuschaut. Also auf keinen Fall im Aquarium. Am Terrarium der Roten Weberameise steht ganz groß geschrieben: „Anfassen verboten. Die Tiere können aggressiv reagieren." Das heißt: Sie feuchten einen blitzschnell aus einer Drüse am Hinterteil mit Ameisensäure ein und beißen zu. Das brennt. Die Täter sehen alle gleich aus, wie Reviertierpfleger Robert Seuntjens sagt. Ihre Königin hat er noch nie zu Gesicht bekommen. Sie lebt seit drei Jahren im dritten Stock des Aquariums. Sie und ihr Volk waren ein Geschenk von Antstore. Der Berliner Betrieb sitzt in Steglitz und ist Spezialist für Ameisen aus aller Welt.

Die Rote Weberameise stammt aus Südasien. In Seuntjens' Stamm leben wahrscheinlich nur Frauen, und zwar zu Hunderten. Einst hatte sich ihre Königin zu ihrem Hochzeitsflug aufgemacht und von Männern aus einem anderen Frauen-Stamm befruchten lassen. „Das war bei uns im Aquarium. Aber das männerproduzierende Volk lebt nicht mehr", sagt Seuntjens. Bei der Begattung nimmt eine Jungkönigin so viel Sperma in sich auf, dass es ein Leben lang reicht. Sie produziert danach täglich hinter verschlossenen Türen – im Nest – neue Eier. Das ist ihr Beruf. Auch die Ameisen, die schlüpfen, haben festgelegte Aufgaben. Unklar ist nur, wer ein Sonnenbad unter den HQI-Strahlern nehmen darf. Die Lampen strahlen von oben auf das Terrarium, damit die Temperatur 25 Grad beträgt. Es sitzen immer Rote Weberameisen auf den Ästen direkt unter den Lampen – entspannt wie Passagiere auf einem Sonnendeck. Tatsächlich besteht die Aufgabe von Arbeiterinnen darin, die Larven zu pflegen und das Nest zu hegen. Ihre Nester sind speziell. Denn die Tiere leben auf Bäumen und ziehen dort Blätter zu einem Nest zusammen. Den Klebstoff liefern die Larven.

Im Geäst des Aquarium-Volkes hängen fünf Nester. Die emsigen Arbeiterinnen tragen ständig Larven von einer alten in eine neue Behausung. Die roten Tiere heben sich von den schwarzen Ästen ab, zumal sie weiße Larven schleppen. Auch die Königin zieht wohl um. Doch erlebt hat Seuntjens das noch nicht. Wie sie aussieht, kann er sich denken. Denn er war dabei, als Jungköniginnen schlüpften und sich mit den männlichen Ameisen vermählten. „Sie haben eine wunderschöne grüne Farbe“, schwärmt er. Leider hätten sie nie Kinder bekommen und neue Staaten gegründet.

Wie lange die aktuelle Königin durchhält – und ihr Staat besteht –, ist unklar. Königinnen können 25 Jahre alt werden, einfache Arbeiterinnen leben kaum mehr als drei Jahre.

Wer einer Ameise zur Beute fällt, findet keinen raschen Tod. „Ameisen reißen ihre Beute auseinander“, sagt Seuntjens. Man kann das bei der Fütterung beobachten, wenn lebende Heimchen ins Terrarium gesetzt werden. Außerdem gibt es Fisch und Honig. Trotz des Verbotes ist ein Biss in Seuntjens Finger möglich. Unter sieben Augen – zwei von Seuntjens, fünf von der Ameise.

?

Wusstest du schon,

dass der Hochzeitsflug die einzige Zeit im Leben von Ameisen ist, zu der sie Flügel tragen? Während des Brautfluges vermählen sich Jungköniginnen und männliche Ameisen. Danach sterben die männlichen Tiere ab, die weiblichen Ameisen verlieren ihre Flügel.

ROTE WEBERAMEISE

(Oecophylla smaragdina)
Arbeiterinnen rot, Königin grün

HERKUNFT
Südostasien bis Australien; leben auf Bäumen

GRÖSSE
Königin bis 25 mm, Arbeiterinnen 10–20 mm und langbeinig.

NAHRUNG
Insekten, Honig

BESTAND
ungezählt, Millionen bis Milliarden

BEACHTE
dass immer wieder Arbeiterinnen die Larven ins neue Nest tragen. Du erkennst es daran, dass die roten Tiere weiße Klümpchen auf dem Rücken mit sich tragen.

Die Rettung des Zweihorns

Es war einmal die Arabische oder Weiße Oryx ... Beinahe würde die Geschichte über diese Antilopenart so beginnen, hätte es in den 60er-Jahren des vorigen Jahrhunderts nicht einen besonderen Suchtrupp gegeben. In Zusammenarbeit mit der Fauna Preservation Society und dem WWF (World Wildlife Fund) machte sich eine Gruppe Männer auf die Suche nach dem letzten Einhorn. Naja, fast. Die Forscher suchten nach Arabischen Oryxantilopen. Das sind die nördlichst lebenden und kleinsten Spießböcke, sie kamen einst zu Tausenden im Sinai vor, auf der Arabischen Halbinsel sowie in Israel, Libanon und von Syrien bis Irak. Die schneeweißen Tiere mit der schwarzen Gesichtsmaske sollen das reale Vorbild für das mythologische Einhorn sein. Denn betrachtet man ihre geraden und bis 80 Zentimeter langen Hörner von der Seite, verschmelzen sie zu einem einzigen Horn.

Beinahe also wäre die Arabische Oryx ausgestorben. „Vermutlich 1972 ist das letzte freilebende Exemplar im Oman geschossen worden", sagt Tierpark-Kurator Christian Kern. Doch die Männer des Suchtrupps hatten zuvor drei Oryx in der Wildnis gefangen, in den Zoo Phoenix (USA) gebracht und so die Art gerettet. Zusammen mit weiteren Einzeltieren aus Zoologischen Gärten bildeten diese Tiere die Basis für eine Weltherde. „Nachkommen dieser Zucht bilden den Grundstock für den Großteil der heute in Menschenhand lebenden Arabischen Oryx“, sagt Kern. 1979 waren aus dieser Weltherde fünf Tiere von Phönix und San Diego nach Berlin transportiert worden. Noch im selben Jahr gab es den ersten Nachwuchs. Mit milchkaffeefarbenem Fell geboren, bleiben die Jungtiere als sogenannte Ablieger in einer Mulde im Wüstensand liegen. Das einheitliche Braun tarnt gut vor Beutegreifern wie Wolf oder Leopard. Die Mütter kommen nur zum Säugen vorbei. Bis heute züchtet der Tierpark Berlin die Arabische Oryx. Der Nachwuchs lebt in vielen europäischen Tiergärten und sogar in Saudi-Arabien, von wo wiederum Tiere ausgewildert wurden.

Vor Schusswaffen schützt kein Spieß der Welt. Die Hörner haben allerdings eine wehrhafte Funktion. Untereinander klären Oryxantilopen damit die Rangfolge in der Herde. Das war im Winter 2010 im Tierpark zu sehen, als der neue, 2009 im Zoo Zürich geborene Bock Jameel bei den Berliner Kühen eingeführt wurde. „Dazu wurden die Tiere einander einzeln vorgestellt.“ Jameel trug mit jeder Kuh ein Gefecht aus. Er blieb acht Mal Sieger und ist jetzt der Chef der Herde.

Im Tierpark sind sechs Antilopenarten zu sehen, im Zoo zehn. Für Aufregung sorgen die Sitatungas. Weil sie sich gerne im Trockengraben aufhalten, wird Kurator Tobias Rahde oft von Besuchern angesprochen, dass „eine Antilope in den Graben gefallen ist“. Dabei klettern die Tiere über eine Rampe in den Graben. Sie wollen verschwinden, ohne auszusterben.

ARABISCHE ORYXANTILOPE

oder Weiße Oryxantilope
(Oryx leucoryx)

HERKUNFT
Arabische Halbinsel

STANDHÖHE
0,80 m – 1,02 m

GEWICHT
Bullen bis 200 kg,
Kühe bis 160 kg

NAHRUNG
Gräser, Kräuter,
Wurzeln, Rinden,
Wüstenmelonen

STATUS
stark gefährdet,
nach IUCN* 2010
„endangered“

BESTAND
im Freiland
schätzungsweise
1000 Exemplare

ZUCHT
EEP** im Zoo
Marwell (Großbritannien),
Internationales Zuchtbuch
im Zoo Phoenix (USA)

* IUCN International Union for Conservation of Nature, erstellt die Rote Liste gefährdeter Arten

** EEP Europäisches Erhaltungszuchtprogramm: regelt die Verteilung von Tieren zur Optimierung der Zucht und nennt Haltungsanforderungen.

Wusstest du schon, ?

dass das älteste Tierhaus im Zoo das Antilopenhaus ist? Es wurde 1872 eröffnet, im Zweiten Weltkrieg zerstört und in den 50er-Jahren von der damaligen Zoo-Direktorin Katharina Heinroth wieder aufgebaut.

Arapa – wie?

Er sieht aus wie ein Krieger. Mit Ganz-Kopf-Tattoo. Furcht einflößend. Arapa – wie? Ein Name, den kein Mensch sich merken kann: Arapaima. Während man die Silben des Wortes zählt, knallt der Fisch wie Kanonendonner durch die Luft und schnappt sich seine Beute. Menschen passen nicht ins Schema, sie sind zu groß.

Arapaimas leben ursprünglich im Amazonas. Der Lauerräuber mit den hervorstehenden Augen ist ein antiquarischer Koloss. Seine Ahnengalerie reicht in eine Zeit vor 150 Millionen Jahren zurück, als Südamerika und Afrika noch einen Kontinent bildeten. Mit einer Länge von 2,3 Metern gehört der sogenannte Knochenzüngler zu den größten Raubfischen, die sich im Süßwasser so tummeln.

Rein formal konnte sich der Schöpfer bei den Arapaimas nicht entscheiden: Das Schwanzende ist schmal und senkrecht ausgerichtet, in der Mitte sind die Fische kugelrund wie Medizinbälle, und nach vorne plattet der Kopf ab, als hätte sich einer draufgesetzt. Das Maul ist breit, die Unterlippe steht vor – „oberständig" sagt Reviertierpfleger Marco Hasselmann dazu.

Die ersten Arapaimas schwammen 1986 im Aquarium. Ein Exemplar, der alte Heini, hängt im Sitzungszimmer an der Wand. Präparatoren des Naturkundemuseums Berlin hatten für den fachgerechten Abdruck und die Plastik in Lebensgröße gesorgt. Bislang sind die Arapaimas noch nie Eltern geworden – und ihr Geschlecht war auch nie klar.

Andere Fische haben nur die Kiemenatmung im Repertoire: Sie tauschen Sauerstoff und Kohlenstoffdioxid zwischen Blut und Wasser in ihren Kiemen aus. Arapaimas können mehr.

„Sie haben aus der Schwimmblase ein lungenähnliches, zusätzliches Atmungsorgan gebildet, mit dem sie in sauerstoffärmeren Gewässern überleben", erklärt Hasselmann. Das sind die Amazonas- und Orinokogebiete in Brasilien, Guyana und Peru. Das Wasser bindet bei Temperaturen von 24 bis 29 Grad nur wenig Sauerstoff.

Entsprechend machen Arapaimas keine überflüssige Bewegung. In vorzugsweise ruhigem Gewässer lassen sie sich treiben wie Baumstümpfe. Schwimmt ihnen Beute vor die Nase, reißen sie das Maul auf. Sog auf Knall – und Exitus.

Die Bestände gelten laut WWF als überfischt, weil der Arapaima große wirtschaftliche Bedeutung habe: Sein Fleisch besitzt viel Fett und wird gesalzen und getrocknet auf dem Markt verkauft. Gleichzeitig verunreinigen Schadstoffe den Amazonas. In Thailand und Brasilien werden die Fische extra für Angler gezüchtet. Ein Arapaima mag aussehen wie ein Krieger – aber es gibt jemanden, der schlimmer ist. Der Mensch.

ARAPAIMA

(Arapaima gigas)

HERKUNFT
Amazonas und Orinoko mit Nebenflüssen in Brasilien, Guyana, Peru, Kolumbien

GRÖSSE
maximal 2,30 m, der WWF zitiert historische Berichte, die sogar 4,50 m angeben; zählt zu den größten Süßwasserfischen der Erde

GEWICHT
schwer, Dutzende von kg, ebenfalls nach historischem Berichten bis 180 kg

GESCHWINDIGKEIT
langsam

NAHRUNG
andere Fische, Frösche, Vögel und schwimmende Säugetiere

STATUS
unklar, Handel kontrolliert durch Cites*

BESTAND
nicht bekannt

BEACHTE
die Schuppen! Sie werden zu Schmuck verarbeitet – und die raue und kräftige Zunge zu Feilen

* Washinghtoner Artenschutzabkommen, kontrolliert den internationalen Handel mit Wildtieren und Pflanzen, um ihr Überleben zu sichern.

Wusstest du schon, ?

dass der Arapaima in Brasilien „pirarucu“, „roter Fisch“, genannt wird? Das liegt an der roten Schuppenumrandung und dem lachsfarbenen Fleisch.

Die Knochenbrecher

Geschwisterliebe wird überbewertet – dachte Kain und erschlug Abel. Glück hat es ihm keines gebracht, unstet und flüchtig sollte er sein auf Erden. Den Brudermord findet man außer in der Bibel auch im Tierreich. Liegen zwei Bartgeier-Eier im Nest, müssen die Tierpfleger eilen, das eine rauszuholen, sobald das andere angepickt wird. Denn ältere Bartgeier töten ihre jüngeren Geschwister. Kainismus heißt das Phänomen. Gelegentlich helfen die Eltern nach. „Ich habe in meinem ersten Jahr im Tierpark einmal das zweite Ei liegen lassen, als das erste von innen angepickt wurde", erzählt Tierpark-Kurator Martin Kaiser. Tags drauf war der Jungvogel geschlüpft – und das zweite Ei verschwunden. Komplett. Sogar die Schale war weg. Bartgeier vertilgen außer der eigenen Brut auch Landschildkröten. Wer eine Vorstellung entwickeln will, wie die sich dabei fühlen, der lese Terry Pratchetts Scheibenwelt-Roman „Einfach göttlich". Der Raubvogel krallt sich die Schildkröte, erhebt sich in die Lüfte und lässt das Panzertier aus 50 und mehr Metern zu Boden fallen – auf das es knacke. Übrigens soll der griechische Tragödien-Dichter Aischylos im Jahr 456 vor Christus gestorben sein, als ihm so eine Schildkröte auf den Kopf knallte. Kein Wunder, dass Bartgeier auch „Knochenbrecher" heißen.

Sie fressen die Reste. Nachdem Löwen, Bären oder Hyänen sich am Kadaver gütlich getan haben, landen Bartgeier in einiger Entfernung und laufen in Ruhe zum Aas. Ja, Geier gehen zu Fuß. Sie können das, weil sie im Unterschied zu echten Greifvögeln – wie Habichten oder Adlern – kürzere Krallen haben.

Nur Knochen fressen, reicht das aus? „Ja“, sagt Martin Kaiser. Bartgeier lösen mit ihrer besonders scharfen Magensäure Knochen auf und erhalten so Eiweiße, Fette, Mineralstoffe und Wasser. Außerdem stehen besagte Schildkröten und kleine, kranke Tiere auf dem Speiseplan – Geier gelten als Gesundheitspolizisten.

Als solcher versucht sich der Berliner Nachwuchs in den andalusischen Cazorla-Bergen um Jaén. Dort hat Kaiser ihn im Jahr 2009 eigenhändig ausgesetzt; der Tierpark nimmt seit 1988 an Auswilderungsprojekten für den Bartgeier teil. Nachdem sie in den Alpen vor fast hundert Jahren ausgerottet waren, kümmern sich Zoologen seit den 70er-Jahren um ihre Wiederansiedlung in Europa. Federführend ist eine Zuchtstation in Haringsee bei Wien. Das aktuelle Brutpaar kam 1998 aus Haringsee in den Tierpark, lebt in einer 500 Quadratmeter großen, sieben Meter hohen Voliere und bringt seit 2006 jährlich Nachwuchs.

Mit einer Flügelbreite von knapp 2,8 Metern kann ein Bartgeier knapp quer unter einem Drei-Meter-Sprungbrett durchfliegen. Er zählt zu den größten Vögeln in Europa.

BARTGEIER

(Gypaetus barbatus)

HERKUNFT
Afrika, Europa (Pyrenäen, Südeuropa) Südwest- und Zentralasien, Mongolei und China, u. v. a in Gebirgen

FLÜGELSPANNWEITE
bis 2,80 m; als größte Vögel der Welt gelten Wander- und Königsalbatros, beide jeweils bis 3,51 m; bei den Greifvögeln ist es der Andenkondor mit bis zu 3,20 m.

NAHRUNG
Knochen, Aas und Landschildkröten

STATUS
nicht gefährdet

BESTAND
global 2.000 – 10.000 Individuen, in Europa maximal 1000 Brutpaare

ZUCHT
EEP* an der Universität Wien

BEACHTE
den Bart: Die borstenartigen Federn am Kinn werden bis 60 mm lang; daher sein Name.

* EEP Europäisches Erhaltungszuchtprogramm

Wusstest du schon, ?

dass Bartgeier sich schminken? Sie baden in rostigem Wasser – in Wasser, das Eisenoxide enthält –, das die weißen Federn rot einfärbt. Warum sie das machen, dazu gibt es viele Theorien. Parasitenbekämpfung ist eine davon. Aber vielleicht halten sie es einfach so wie viele weibliche Vertreter der Spezies Homo sapiens: Sie wollen attraktiver sein.

Wald und Prärie

Futter suchen, fressen und verdauen – das ist der ganz normale Tag im Leben eines Waldbisons – außerhalb der Paarungszeit und Jungenaufzucht. Viel ist nicht los – das war eine kleine Ewigkeit lang so. Gelegentlich tauchten ein paar Indianer auf und rückten den Büffeln zu Leibe. Doch ab dem 17. Jahrhundert – es besiegelte nicht nur das Schicksal der Indianer – erschienen Europäer am Horizont. Sie ersetzten Pfeil und Bogen und Fallgruben durch moderne Schusswaffen und machten den Büffeln beinahe den Garaus. Die schätzungsweise 150.000 Waldbisons wurden dezimiert. 1894 lebten nur noch wenige Tiere in Kanada zwischen dem Athabasca-See und dem Großen Sklavensee: dem heutigen Wood-Buffalo-Nationalpark. Zuletzt mischten sich die Waldbisons mit angesiedelten Präriebisons. 1940 galt der Waldbison als ausgestorben.

Doch 17 Jahre später entdeckten Wildhüter beim Überfliegen von Schutzgebieten in Alberta eine kleine, isoliert lebende Herde von etwa 200 reinblütigen Waldbisons. Es waren die Letzten ihrer Art. Sie wurden abgeschirmt, die Erhaltungszucht begann. Davon hat der Tierpark Berlin profitiert, wie Kurator Christian Kern berichtet. „1974 haben wir unsere ersten drei Waldbisons aus Kanada erhalten, nach dem Zoo Leipzig waren wir damals die Zweiten in Europa.“ Seitdem werden die Tiere im Tierpark gezüchtet. „Von Herbst bis frühen Winter ist Paarungszeit. Von Mai bis

August ist Setzzeit, der Nachwuchs kommt zur Welt.“ Die Kälber werden mit kräftig rotbraunem Fell geboren und färben sich erst nach vier Monaten langsam in das Schwarzbraun ihrer Eltern um. Und sie legen deutlich an Gewicht zu. Reichlich eine Tonne kann ein ausgewachsener Bulle wiegen. Er ist damit doppelt so schwer, außerdem etwa ein Drittel größer als ein weiblicher Waldbison. Geschlechtsdimorphismus nennt man das, also wenn Männchen und Weibchen einer Art sich bei bestimmten Eigenschaften – hier in Größe und Gewicht – deutlich unterscheiden. Zu fressen bekommen sie alle das Gleiche: „Heu so viel sie wollen, Pflanzenfresserpellets und im Sommer frisches Gras und Laub“, sagt Kern. Und jedes Tier frisst einen halben Eimer Möhren pro Tag.

So manches Kilo steckt im Buckel, der beim Bullen wie ein stark behaarter Berg aus dem Rücken aufragt. Unter dem Fell verbergen sich Muskeln. Angeblich beeindrucken Bullen sich gegenseitig mit diesem Kamm. Der Buckel wäre dann das, was für manche Männer Sportwagen und Uhren sind. Er macht das Tier noch größer. Da es in Nordamerika weder Giraffen noch Elefanten gibt, ist der Waldbison neben seinem nächsten Verwandten, dem Präriebison, dort das größte Säugetier.

Im Tierpark Berlin ist der Waldbison gegenüber den Wisenten zu sehen. Im Zoo Berlin leben Präriebison und Wisente nebeneinander in Stallungen aus dem Jahr 1905: die Bisons in einem nordamerikanischen Langhaus, die Wisente in einem russischen Blockhaus.

Wusstest du schon, ?

dass Waldbisons und Präriebisons zwei geografisch und äußerlich verschiedene Unterarten der Art Bison sind? Sie können untereinander Nachkommen zeugen. Dritter im Familien-Bunde dieser Wildrinder ist der europäische Wisent.

WALDBISON

(Bison bison athabascae)

HERKUNFT
Wälder Nordamerikas (nordwestliches Kanada)

GRÖSSE
Kopf-Rumpf-Länge bis 3 m, Schulterhöhe bis etwa 1,80 m

GEWICHT
Männchen bis 1.100 kg, Weibchen bis 650 kg

NAHRUNG
Blätter, Triebe, Rinde, Gräser, Kräuter

STATUS
Bison (Prärie- und Waldbison), gering gefährdet, Bestand stabil

BESTAND
etwa 10.000 Tiere

Die Verwandlungs-künstler

Chamäleons sind Experten für optische Aufrüstung. Täglich kommt es im Aquarium zu visuellen Kriegserklärungen. Dort lebt der Urvater der Berliner Chamäleonzucht in einem Schaukasten. Er ist Witwer. Denn Chamäleon-Frauen werden nicht alt – anderthalb Jahre. Sie erschöpfen sich im ständigen Eierlegen. Sie sind grün. Sie sehen verhärmt aus. Vielleicht gilt ihre Art deshalb mancherorts in Afrika als Unglücksbringer: Sie sollen Unheil und Tod ankündigen – und potenzielle Ehemänner vertreiben. Die Männchen werden bis zu sechs Jahre alt. Sie verfügen über ein Arsenal an Abschreckungsmechanismen. So färben sie per Muskelspiel ihre Haut grün mit türkisfarbenen Punkten und gelben Streifen. Schrill wie ein Punk und – das griechische chamaileon bedeutet Erdlöwe – fauchend. Kehlsack und Rumpf werden aufgeblasen, Dornen aufgestellt. Die Botschaft: Hau ab! Das ist mein Revier.

Das Schauspiel ist tagsüber zu betrachten, wenn sich Vater und Sohn quer über den Gang erblicken. Die Leuchtfarben sollen den Rivalen einschüchtern und Weibchen anlocken. Chamäleon färben ihre Augenpartien ein, um Paarungsbereitschaft zu signalisieren. Ihre Körperfarben können dem Hintergrund angepasst und so zur Tarnung benutzt werden. Die Wissenschaftler Devi Stuart-Fox und Adnan Mousalli von der Universität Melbourne berichten, dass Chamäleons die Helligkeit ihrer Hautfärbung variieren, um sich zu tarnen. Und sie modulieren die Form ihres Körpers derart, dass sie von ihrer Umgebung kaum zu unterscheiden sind.

So kommt Ronny Keßner, Reptilienpfleger im Zoo, beim Abzählen der Brut manchmal nur auf achtzehn Echsen – und der Tierpfleger weiß, dass es mehr Kinder sein müssen. Er macht den Kasten sauber. Er hat sie reingesetzt. Er hat sie aufwachsen sehen. Seit Zuchtbeginn im Jahr 2005 sind Hunderte von Jungtieren geschlüpft, die an andere zoologische Einrichtungen, Privathalter und den Handel abgegeben werden. Zwischen 50 und mehrere Hundert Euro kosten die Tiere – je nach Alter und Art.

Vor dem Schlupf buddeln die Pfleger alle Eier aus dem Schaukastensand. Sie gehen sorgsam wie Archäologen zu Werke, mit Löffel und Pinsel. Denn das Ei darf nicht gedreht werden, sonst verschiebt sich die Luftblase und der Embryo erstickt. Anschließend betten sie das Gelege für fünf Monate mit Substrat in Brutkartons. Frisch geschlüpft, kommen die Jungtiere in Aufzuchtbehälter, später müssen sie fingerdicke Heimchen jagen. Dabei bedienen sie sich eines einzigartigen Werkzeugs: der Schnappzunge. Sie liegt aufgerollt wie ein Gummiband im Kiefer und schnellt in einer Zehntelsekunde bis zu 25 Zentimeter weit nach vorne, wickelt sich um das Opfer und zieht es zurück in den Schlund. Es ist ein tödlicher Kontakt mit der schnellsten Zunge der Welt. Beschleunigung: sechs Meter pro Sekunde. Auch bewegen Chamäleons ihre Augen unabhängig voneinander, wodurch ihr Blickfeld 342 Grad umfasst. Sie sehen nach hinten, zur Seite und vorne.

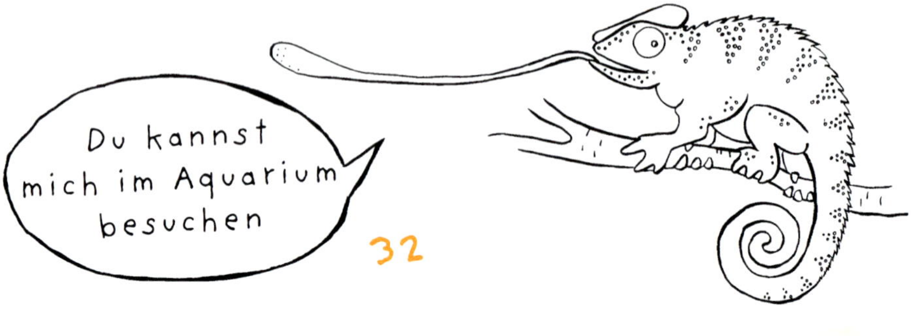

JEMEN-CHAMÄLEON

(Chamaeleo calyptratus)

HERKUNFT
Südliche Arabische Halbinsel, (Jemen und Saudi-Arabien), leben auf Bäumen und Sträuchern

GRÖSSE
im Durchschnitt Kopf-Rumpf-Länge 20–25 cm

NAHRUNG
Insekten, Früchte, Gemüse

STATUS
Washingtoner Artenschutzabkommen Cites Anhang II, Erwerb meldepflichtig

BEACHTE
die schuppige Haut! Sie soll Flüssigkeit im Körper halten und die Gefahr von Verletzungen mindern. An dem Fersensporn kann man die Männchen erkennen. Weibchen haben keinen.

Wusstest du schon, ?

dass ein Chamäleon bis zu einem Kilometer weit scharf sehen kann? Die Sehschärfe wird durch die Hornhaut bewirkt.

Die Bären sind los

Er ist wohl weltweit das bekannteste Tier aus dem Berliner Zoo: Eisbär Knut. Seine Mutter Tosca hatte ihn und sein Brüderchen namens „Groß“ im Dezember 2006 zur Welt gebracht – und dann links liegen lassen. Tierpfleger und Tierarzt André Schüle retten die beiden, doch nur Knut überlebte die folgenden Tage. Dieses Drama und wohl auch die Popularität seiner Mutter, die zu DDR-Zeiten als Zirkus-Bärin Furore gemacht hatte, verhalfen Knut zu Schlagzeilen bis nach Japan, Downunder und Übersee. Der damalige Bundesumweltminister wurde Knuts Pate, Knut bekam eine eigene Briefmarke, das Tier wurde zur Marke. Die Zoo-Mitarbeiter hat der Trubel eher befremdet. Doch der Sache der Eisbären mag er dienlich sein. Denn die Weltnaturschutzunion IUCN fürchtet, dass der Bestand schrumpfen wird. Ursache sei die globale Erderwärmung, die das Packeis zum Schmelzen bringt. Negativ wirkten sich auch wachsender Tourismus, zunehmende Schifffahrt und die Förderung von Öl- und Gasvorkommen in der Region aus. Es kann einen frösteln bei den Aussichten – Eisbären nun frieren nicht so schnell. Sie sind gut gerüstet gegen arktische Temperaturen bis zu minus 30 Grad. Die Haare ihres dichten Fells sind hohl und leiten die Sonnenstrahlen direkt an die darunterliegende schwarze Haut weiter. Ihre Speckschicht ist bis zu zehn Zentimetern dick. Und eine weitere Anpassung: Ihre Tatzen sind relativ breit, so dass sich das Gewicht – bei ausgewachsenen Männchen immerhin bis zu 600 Kilogramm –, gleichmäßig auf dem Eis verteilt. Wie viel Knut wiegt, weiß man nicht. Keiner stellt ihn auf die Waage. Aber inzwischen lebt er nicht mehr allein, sondern in einem Gehege mit den Eisbärdamen Tosca, Nancy und Katjuscha. Auch hier bleibt er eine Ausnahme-Erscheinung. Knut ist nämlich das einzige Zoo-Tier, dessen Geburtstag, der 5. Dezember, öffentlich gefeiert wird – das war der Tag, an dem der damalige Reviertierpfleger Thomas Dörflein im Jahr 2006 den Nachwuchs mit einer Stange aus Toscas Gehege gezogen hatte.

Die Tierpfleger und Mitarbeiter der hauseigenen Zoo-Futterküche stellen Knut ein Festbankett zusammen. Es besteht in der Regel aus einer Eistorte mit abwechselnd geschichteten Lagen Obst und Fleisch – gekrönt von Fischen, die wie Kerzen aus der Torte nach oben ragen. Ihre Zahl richtet sich nach Knuts Alter. Zumeist geben Knut-Fans noch Nahrungsmittel und Spielzeug ab.

Geruhsamer geht es im Tierpark zu. Dort leben die Eisbären Troll und Aika. Troll, 1986 im Zoo Wuppertal geboren, gilt als wasserscheu. Aika dagegen geht oft ins Wasser und streckt beim Rückwärtsschwimmen ihre Hinterfüße elegant in die Luft. Einer Inuit-Legende zufolge sollen manche Menschen sich in Eisbären verwandeln – Aika könnte Synchronschwimmerin gewesen sein. Hinter den Kulissen leben alle Berliner Eisbären in getrennten Boxen. Schließlich sind sie Einzelgänger.

?

Wusstest du schon,

dass Eisbären Sohlengänger sind und Haare unter den Füßen haben? Die Haare schützen vor der Kälte und davor, auszurutschen. Und Sohlengänger (wie auch Elefanten) können ihre Masse besser auf den Untergrund verteilen als Antilopen und andere Huftiere.

EISBÄR

(Ursus maritimus)

HERKUNFT
Arktis, Packeisschicht im Nordpolarmeer rund um den Nordpol

GRÖSSE
Männchen von Kopf bis Rumpf im Schnitt 2,40 – 2,60 m

GEWICHT
Weibchen 300 kg, Männchen im Schnitt 600 kg, Knut am 7.9.2010 beim Umsetzen in ein neues Gehege 270 kg

GESCHWINDIGKEIT
bei Sprints bis 30 km/h, sonst gemütliche Wanderer 5 – 6 km/h

NAHRUNGT
Fleisch, v. a. Ringelrobben

FÜTTERUNG
täglich um 10.30 Uhr

STATUS
gefährdet

BESTAND
weltweit 20.000 bis 25.000 Exemplare

ZUCHT
EEP* im Zoo Amsterdam, Internationales Zuchtbuch Zoo Rostock

* EEP Europäisches Erhaltungszuchtprogramm

Töröööö

Des Nachts, in den stilleren Stunden der Stadt, schwingen sie Rüssel und Reden – und wir merken es nicht. Elefanten kommunizieren mit Tönen im Infraschallbereich. Menschen können die Schwingungen gar nicht hören. Nur wenn die Dickhäuter schneller sprechen, vernehmen wir ein tiefes Blubbern und Grummeln, das Kollern, den Kontaktruf. Die acht asiatischen Zoo-Elefanten könnten sich über das Wetter unterhalten, über Kindererziehung streiten oder, da sie schon länger in Berlin leben, vor sich hin meckern.

Seit 2009 hat die Herde um Leitkuh Tanja – Bulle Victor hat sein eigenes Gehege – im Zoo 3000 Quadratmeter und damit 900 Quadratmeter mehr Platz. Ein angrenzendes Gehege wurde gerodet, ein paar Baumstämme ließ man stehen. Daran reiben sich die Dickhäuter und stoßen die Rinde ab.

Die Jüngsten haben das neue Wasserbecken für sich entdeckt. Elefanten brauchen mindestens ein tägliches Bad. Die 2009 geborene Ko Raya muss an der tiefsten Stelle ihren Rüssel ganz ausfahren, um Luft zu bekommen, und sieht aus wie ihr blaues Gegenstück in der „Sendung mit der Maus“. Ihre vier Jahre ältere Schwester Shaina Pali passt auf, dass sie nicht absäuft. Mutter Pang Pha bekommt also Erziehungshilfe.

Tante Carla ist fürs Schmusen zuständig. Auch wenn ihr schon wegen Zahnweh nicht danach war. Elefanten haben 24 Backenzähne, in jedem Gebissviertel sechs. Ist der vorderste abgenutzt, rutschen die hinteren nach. Sind alle weg, kauen und verdauen die Tiere schlecht und werden kränklich. Dann bevorzugen sie Aufenthaltsorte, in denen weiche Nahrung wächst – und sterben dort. „So ist der Begriff des Elefantenfriedhofs entstanden“, sagt Zoo-Tierarzt Andreas Ochs.

Im Zoo werden Elefanten, über die Direktor Bernhard Blaskiewitz ein Buch geschrieben hat, schon seit 1857 gehalten. Der erste Elefantenbulle hieß Boy.

Im Tierpark leben mehr als ein Dutzend Asiatischer und Afrikanischer Rüsseltiere. Die älteste Kuh heißt Luise und wurde 1973 geboren. Die jungen Tierpark-Elefanten müssen dort in die Schule. Klassenraum ist eine Innenbox im Elefantenhaus. Dazu rüsten sich die „Lehrer“, die Tierpfleger Mario Hammerschmidt und Arne Weinhold, mit einem Korb voller Brötchen aus und einem Elefantenhaken. Mit diesen Glasfiberstäben dirigieren die Pfleger die Tiere und halten sie sich vom Leib, wenn sie frech werden. Weinhold beginnt, Brot zu zerkleinern, und hat kaum „down“ gesagt, da sinkt Elefantenmädchen Kariba vor ihm auf die Knie. Weinhold schiebt zur Belohnung ein Brotstück nach dem anderen in ihr Maul. Die Pfleger reden pausenlos auf die Tiere ein. Befehle, Lob und Tadel. Es klingt wie eine Beschwörung. Dann der Ruf „up“. Synchron springen alle Schüler auf und rennen raus. Die „Stunde“ ist aus – nach 15 Minuten.

ASIATISCHER ELEFANT

(Elephas maximus)

HERKUNFT
Indien, Ceylon, Thailand, Sumatra

GRÖSSE
maximale Schulterhöhe: 3 m, der Afrikanische Elefant kann bis zu 4 m groß werden

GEWICHT
Kühe bis 2.700 kg, Bullen bis 5.000 kg

TRAGZEIT
Elefantenkühe haben unter Säugetieren die längste Tragzeit mit 22–23 Monaten.

NAHRUNG
Gräser, Blätter, Zweige, Baumrinde

FÜTTERUNG
morgens nach dem Rauslassen auf der Freianlage (zwischen 9 und 10 Uhr), abends im Haus (zwischen 16 und 17 Uhr). Im Tierpark im Sommer gegen 17 Uhr, im Winter gegen 16 Uhr

STATUS
stark gefährdet

BESTAND
35.000–50.000 Exemplare (Aktionsgemeinschaft Artenschutz)

ZUCHT
EEP* in Rotterdam, Zuchtbuch in Wien-Schönbrunn

* EEP Europäisches Erhaltungszuchtprogramm

Wusstest du schon, ?

dass Elefanten Dickhäuter heißen, weil ihre Haut etwa zwei Zentimeter dick ist?

Klein, aber ganz schön stark

Sie sind aus Kinderbüchern bekannt, kleiner als Shetland-Ponys und kommen 127 Mal in der Bibel vor: Zwergesel. Selbst ausgewachsene Exemplare bringen es gerade mal auf einen Meter Stockmaß. „Ihre Vorfahren stammen aus Sardinien und Sizilien, wo viele als Zug- und Lastentiere arbeiteten", sagt Zoo-Tierarzt André Schüle. Dort sind die genügsamen Nutztiere heute noch in größerer Zahl anzutreffen. Sie sind zäh und finden Futter in kargen Höhen, in die Pferde sich nicht mehr wagen. Zwergesel sind dank schmaler Hufe und geringen Gewichts trittsichere Minimalisten.

Schüles Neuzugang aus dem Jahr 2010 heißt Piccolo. Sein Zuhause ist der Kindertierzoo, in dem Gänse, Ziegen und Enten frei herumlaufen und von Kindern gefüttert und gestreichelt werden. Die Zwergesel allerdings bleiben in ihrem Gatter. „Die sind so lebendig, die würden die Kinder umrennen", sagt Vize-Revierchef Mario Barabasz. Streicheln kann man sie durchs Gitter – die Esel im Tierpark übrigens auch. Bissig seien seine Zwergesel nicht, sagt Barabasz. Zur Bestätigung hebt er Piccolo in die Luft. Piccolo schnaubt, das heißt bei Eseln, dass sie etwas mögen; der Ruf „i-a" wiederum heißt vielerlei, von „hallo, hier bin ich" bis „her mit dem Futter".

Verschmust ist er, der Kleine. Das liegt in der Familie. Untereinander knabbern sie sich ständig am Fell herum. „Diese Fellpflege trägt zum Zusammenhalt der Herde bei“, sagt Barabasz – also wie das abendliche Kuscheln mit Eltern auf dem Sofa.

Die Zwergesel-Familie im Zoo ist mittelgroß. Piccolo lebt mit seiner Mutter Grisella, den Stuten Klara und Heidi sowie Heidis Tochter Rosa zusammen. Der Hengst Piccolo ist das erste Jungtier, das Grisella allein aufzieht. Vorher wusste sie nicht, wie sie sich verhalten sollte. „Grisella wurde von Menschen aufgezogen und hatte keine Umgangsformen für Esel“, sagt Barabasz. Doch jetzt säugt Grisella ihren Sohn, und die anderen Stuten dürfen ihm stupsend und knabbernd Manieren beibringen. Esel sind gesellig, sie freunden sich schnell mit anderen Tieren an und warnen sie bei Gefahr – das Märchen von den Bremer Stadtmusikanten, in dem Katze, Hund, Hahn und Esel sich gegen Räuber verbünden, ist ein gutes Beispiel.

Aller Wildheit zum Trotz: Die Stammform der Esel aus Afrika ist vom Aussterben bedroht. Das liegt an Jagd, Lebensraumzerstörung und Übertragung von Krankheiten. Eritrea soll das einzige Land mit einer einigermaßen stabilen Wildesel-Population von etwa 400 Tieren sein. In Somalia wurde der Wildesel wohl ausgerottet. Im Tierpark leben noch elf Exemplare. Exkurator Claus Pohle führt das Zuchtbuch, wonach weltweit in Zoos 159 Somali-Esel zu sehen sind. Mehr als in der Bibel stehen – und doch zu wenig zum Überleben.

ZWERGESEL

(Equus asinus)

HERKUNFT
Sardinien, Sizilien, Korsika

GRÖSSE
0,90 m Stabmaß

GEWICHT
von 150 bis 200 kg

NAHRUNG
Heu, Hafer, Mais, Gras

STATUS
von dieser Haustierrasse gibt es reichlich in Italien, v. a. auf Sardinien und Sizilien

ZUCHT
Internationales Zuchtbuch für Somali-Wildesel im Tierpark Berlin

Wusstest du schon, ?

dass Esel Lasten bis zu 120 kg tragen können und das mehrere Kilometer?

Entdeckung der Langsamkeit

Ein Augenblick dauert fünf Minuten. Jedenfalls bei einem Faultier. Lama Su hebt seinen Kopf in Zeitlupe, dreht ihn zum Besucher, der hinter ihm steht, fixiert ihn, dreht den Kopf zurück und lässt ihn zwischen seine dicht behaarten Arme sacken. In der Zeit könnte man sich die Haare waschen. Und färben. Und fönen. Oder auswendig lernen, dass Dreifinger-Faultiere neun Halswirbel haben und deshalb besonders bewegliche Säugetiere sind. Lama Su – der einen Mittelscheitel von Brust bis Bauch trägt – lebt im Elefantenhaus im Tierpark. Sein Käfig ist vier Meter hoch. Das heißt für Besucher: Obacht mit dem Nacken – auch wenn Lama Su als Zweifinger-Faultier nur sieben Halswirbel hat. Genau wie ein Mensch. Die wiederum haben keine Chance auf Entspannung. Der 1991 geborene Lama Su bewegt sich nicht abwärts. Erst wenn Tierpark-Kurator Florian Sicks Bananen schält – Faultiere riechen besser als sie sehen –, entrollt er sich und hakelt mit seinen gebogenen Klauen von Gitterlücke zu Gitterlücke herüber.

Lama Su streckt dem Besucher Kopf und Krallen entgegen. Mit schwarzen Knopfaugen im braunen, langen Fell sieht er aus wie Chewbacca in klein. Es sind Star-Wars-Figuren, nach denen Tierpfleger René Viete seinen Zögling benannt hat. Nicht nach Otto Waalkes, der in den Ice-Age-Filmen dem Faultier Sid seine Stimme leiht. Echte Faultiere reden nicht. Der echte Lama Su stammt vom sturmgeplagten Planeten Kamino aus „Angriff der Klonkrieger“, Star Wars Episode 2. „Sie bewegen sich so langsam – deshalb die Namen“, sagt Viete. Faultiere, darauf pocht er, seien nicht faul. „Sie sind Genießer, sie machen alles in Ruhe, von der Körperpflege bis zum Kratzen.“ Meistens machen sie nichts, sondern schlafen stundenlang. Wie lange? Das weiß man nicht. Früher, sagt Sicks, sprachen Forscher von 16 Stunden, heute heißt es 9,6 Stunden.

Faultiere leben in den Regenwäldern Mittel- und Südamerikas, von Nicaragua bis Peru und Brasilien. Um ihren Ruf ist es trotz Forschung nicht gut bestellt. Schon die Karaja-Indianer sollen sich die Legende von einer Faultier-Familie erzählt haben, die in einer kalten Nacht beschlossen hat, am Morgen wärmende Nester zu bauen. Der Tag kam, die Tiere aßen, sonnten sich, schliefen ein und ließen den guten Vorsatz sausen. So lief es nach der nächsten kalten Nacht und der nächsten – bis heute. Faultiere bauen gar keine Nester, sie sehen selber aus wie welche. Eine lustige Geschichte. Zum Lachen jedoch dürfte den Erzählern nicht mehr zumute sein: Es sollen nur noch 1700–2500 Karaja-Indianer leben. Durch die Rodung des Regenwaldes wird der Lebensraum einheimischer brasilianischer Volksgruppen immer kleiner – und so auch der des Zweifinger-Faultieres.

Wusstest du schon,

dass Faultiere gemächlich verdauen? Ihre Nahrung – vor allem Blätter – ist hart, es dauert, bis die wichtigen Nährstoffe freigesetzt sind. So weisen Faultiere für ihre Größe die niedrigste Stoffwechselrate aller Säugetiere auf: Nur alle acht Tage setzen sie Kot und Urin am Boden ab. Das ist außer einem Baumwechsel der einzige Moment, an dem sie die Kronen überhaupt verlassen.

ZWEIFINGER-FAULTIER

(Choloepus didactylus)

HERKUNFT
Mittel- und Südamerika, Regenwald

GRÖSSE
bis 0,50 m

GEWICHT
bis 9 kg

NAHRUNG
Laub, Früchte, wirbellose Kleintiere

STATUS
nicht bedroht

BESTAND
keine verlässlichen Angaben

ZUCHT
Europäisches Zuchtbuch im Zoo Halle

Der kleine Magier

Auf Madagaskar haben viele Angst vor ihm. Im Zoo Tsimbazaza huschen die Besucher am Fingertier-Käfig vorbei, als sei es die Schwarze Hand. Manche Ethnien glauben, man müsse das seltsame Tier mit den langen Schneidezähnen und Mittelfingern totschlagen, sobald man es sehe – sonst sterbe jemand im Dorf. In Berlin ist das anders. Abgebrühte Großstädter glauben an kein Fady, das Tabu, mit dem der Halbaffe belegt sein soll. Im Gegenteil. Im Nachttierhaus kleben die Besucher in Trauben vor der Scheibe, hinter der das dämmerungsaktive Tier lebt. Aktiv ist wörtlich zu nehmen: Das buschige Zwei-Kilo-Geschöpf hüpft wie ein Hamster auf Drogen vom Boden auf den Baum, durch die Äste, springt – immerzu höher und schneller und weiter. Bis sein Namensvetter Mario kommt.

Reviertierpfleger Mario Grüsser bereitet Leckereien zu: Er schiebt Schwarzkäferlarven und Wachsmotten in Bambusstöcke und dichtet sie mit Wachs ab. Wer sich im Urwald von Madagaskar ein Fingertier zum Freund machen will – so geht's! Es könnte sich lohnen. Volksgruppen ohne Angst schreiben ihnen magische Fähigkeiten zu. Das ist wichtig für alle, die gelegentlich in einem madagassischen Wald übernachten. Schiebt euch des Nachts das Fingertier ein Graskissen unter den Kopf, werdet ihr reich. Liegt das Kissen unter den Füßen, ist das eine Art Fatwa – dann fallt ihr den magischen Kräften eines Zauberers zum Opfer. Oh weh! Oder muss man sagen: Aye-Aye? So wird das Fingertier auch genannt.

Ganz real war die Ankunft des Tierchens in Berlin. Mario ist ein Staatsgeschenk Madagaskars an den Zoo Berlin, der Premierminister der Republik hatte das Fingertier im April 2007 dem Deutschen Bundespräsidenten übergeben. Zuerst musste Mario in Quarantäne – das gefiel ihm nicht, er blieb stur in seiner Schlafkiste. Jetzt ist er wie ausgewechselt, im Nachttierhaus hüpft er durchs Geäst wie ein vom Affen gebissenes Gespenst, mit seinem struppiglangen, rauen Fell, das schwarz, an den Spitzen aber weiß eingefärbt ist.

Fingertiere verfügen über eine anatomische Besonderheit: Sie haben lange, tiefbraune Mittelfinger – eine Art Essstäbchen mit Gelenk. „Damit klopft Mario die Baumrinde ab und sucht die Fressgänge von Insekten“, sagt Grüsser. Klingt der Schall nicht mehr hohl, schiebt Mario den Mittelfinger in den Gang und pult seine Nahrung heraus. Nicht ohne vorher ein Loch ins Holz zu nagen. Seine Augen sind bei dem Fräsvorgang durch ein drittes Augenlid, die Nickhaut, geschützt. Dank der langen Schneidezähne – die eher an Nagetiere als an ein Affengebiss erinnern – konnten sich gefangene Artgenossen Houdini-mäßig aus Holzkisten befreien.

Wer Mario sehen will, kommt am besten morgens oder mittags vorbei, sagt Grüsser. Der Mann schwört, es könne nichts passieren. Ein Fady gilt nur auf Madagaskar. Und Graskissen hat Grüsser noch keins gesehen.

FINGERTIER

oder Aye-Aye
(Daubentonia madagascariensis)

HERKUNFT
Madagaskar

GRÖSSE
Kopf und Rumpf 36 bis 44 cm
Schwanz rund 0,50 m lang

GEWICHT
im Schnitt 2,70 kg (Männchen) und 2,50 kg (Weibchen)

NAHRUNG
Allesfresser; Pilze, Nüsse, Früchte, Nektar, Insekten

STATUS
gering gefährdet

BESTAND
Zahl der Tiere sinkt

ZUCHT
EEP* im Zoo Jersey, Großbritannien

BEACHTE
die Hände! Nur die große Zehe trägt einen Nagel. Alle anderen Finger enden in Krallen. Das ist sehr selten unter Affen.

* EEP Europäisches Erhaltungszuchtprogramm

?

Wusstest du schon,

dass die Weibchen ihren Busen bzw. ihre Zitzen gar nicht auf dem Brustkorb tragen? Das Zitzenpaar des Fingertiers liegt tiefer, zwischen den Leisten. Das ist einzigartig für Affen.

Happy Hippos

Auf dem Nil war er schon, Agatha Christies Privatdetektiv Hercule Poirot. Ob er auch Flusspferde gesehen hat? Am Unterlauf des Nils, in Ägypten, hatten Europäer die zwei bis drei Tonnen schweren Säugetiere erstmals zu Gesicht bekommen. „Sie wurden exportiert und bereits im Kolosseum zu Tierkämpfen eingesetzt", sagt Zoo-Kurator Ragnar Kühne. Von wegen Nilpferd: In Nildelta und -tal sind die Tiere Anfang des 19. Jahrhunderts ausgestorben. Mit Pferden haben sie nichts zu tun, eher mit Schweinen. Ihr Verhältnis zu Wasser ist getrübt. Sie halten sich gerne darin auf, der Kühle und Schwerelosigkeit wegen, doch schwimmen können sie nicht. Sie verschließen Nasenlöcher und Ohren, halten die Luft an und laufen auf dem Grund. Diese Technik ist im Zoo prima zu beobachten. Mehrere Flusspferde spazieren dort in Gribl'scher Architektur unter Wasser, Glaskuppeln und hinter Panzerglas. Das Haus wurde 1997 eröffnet und hat schon viele Hochzeiten erlebt. Etwa ein Dutzend Brautpaare trauen sich jährlich im Zoo.

Die Stammbelegschaft hinter Glas besteht aus dem Bullen Ede, den Kühen Kathi und Nicole. Die Kühe, die wie Menschen-Damen einen monatlichen Zyklus haben, tragen ihre Kinder etwa acht Monate lang aus. Übrigens gab es im alten Ägypten eine Schutzgöttin für schwangere Frauen: Tawaret war ein Mischwesen aus Löwe, Flusspferd und Krokodil.

Die Mädchen dürfen meistens im Zoo Berlin bleiben. Die Jungen müssen nach einigen Jahren in einen anderen Zoo wechseln. Ihr Vater würde sie als Konkurrenz betrachten und angreifen. Der Zoo-Nachwuchs sei weltweit verteilt, sagt Kühne. Manches Exemplar geht auf Knautschke zurück – das legendäre Berliner Flusspferd, das die Bombardierung im Zweiten Weltkrieg überlebt hatte und 32 Nachkommen zeugte. Seine Bronzeskulptur steht vorm Eingang zum Flusspferdhaus und glänzt hell hinter den kleinen Ohren, weil viele Kinder sich dort sitzend fotografieren lassen. Reichere Fans der kugeligen Hippos können Patenschaften übernehmen. Das kostet bis zu 5000 Euro pro Tier im Jahr.

Hauptnahrung der Flusspferde ist Gras. Es sieht vorher aus wie nachher. Mit breitem Maul schaufeln die Hippos täglich 50 Kilogramm in sich hinein. Vom direkten Kontakt ist abzuraten. Flusspferde greifen an, wenn ihnen etwas komisch vorkommt, sie flüchten selten. „Die Masse macht's möglich", sagt Kühne. Sie haben keine Feinde – sie sind der Feind. Vor einer Attacke reißen sie ihr Maul drohend weit auf, als würden sie gähnen. Bis zu 150 Grad sind möglich.

Richtig gähnen können Flusspferde auch. „Alle Säugetiere machen das", sagt Kühne. Doch warum? Die Forschung bleibt vage, oft wird Sauerstoffmangel als Auslöser angeführt. Vielleicht sollte Hercule Poirot der Sache auf den Grund gehen. Es muss ja nicht im Nil sein.

?

Wusstest du schon,

dass es im Zoo auch Zwergfluss-pferde gibt? Sie schäumen vor Aufregung und zum Eigenschutz. Das Sekret bewahrt die Haut vorm Austrocknen. Sie leben im Dschungel des westafrikanischen Liberia. Der Schaum hat eine Legende genährt. Die besagt, dass Mütter ihre Neuge-borenen nicht säugen, sondern mit der schaumartigen Ausscheidung füttern. Das mag daran liegen, dass die kurzen Zitzen schlecht zu erkennen sind.

FLUSSPFERD

(Hippopotamus amphibius)

HERKUNFT
mittleres und südliches Afrika in Gewässernähe

GRÖSSE
von Kopf bis Rumpf ausgestreckt liegend 4,50 m Maximum, stehend 2,70 – 3 m lang, Schulterhöhe 1,50 bis 1,6 m

GEWICHT
von 1.000 bis 3.500 kg; zählt mit den Elefanten zu den schwersten landbewohnenden Säugetieren

GESCHWINDIGKEIT
über kurze Strecken bis zu 40 km/h

NAHRUNG
Pflanzenfresser

STATUS
gefährdet in Ostafrika

BESTAND
125.000 bis 150.000 Exemplare

ZUCHT
Internationales Zuchtbuch im Zoo Ostrava (Tschechien)

Sei kein Frosch

Er schnurrt, sie streicht ihm über den Rücken. Hand in Hand – seine Finger sind viel breiter als ihre – hüpfen sie unter eine halbe Kokosnuss. Die Romantik wäre perfekt, würde Musik gespielt, die so sanft und selbstverständlich dahinplätscherte wie das Liebesspiel der Färberfrösche. Doch ihr Reproduktionsglück hängt nicht von ätherischen Wellen ab, sondern von feuchtem Laub. Darin legt das Männchen seine Samen ab. Das Weibchen lässt Eier darüberplumpsen und macht sich von dannen. Gelingt die Befruchtung, hat Vati zu tun. Er hält die befruchteten Eier feucht, indem er mit angenässtem Bauch darüberstreicht. Sind die Larven nach zehn bis 16 Tagen geschlüpft, nimmt er eine Kaulquappe nach der anderen Huckepack und trägt sie in Wasserkuhlen und Bromelientrichter. Färberfrösche leben am Boden, doch ihre Brut verstecken sie zur Sicherheit in luftiger Höhe. Die oberste Regel lautet: Jedes Kind bleibt für sich. „Diese Kaulquappen vertragen sich nicht", sagt Reviertierpfleger Robert Seuntjens, „sie fressen sich gegenseitig auf." Das Verhalten legen sie nach drei Monaten ab, wenn sie ausgewachsene Frösche sind, ihre Metamorphose also abgeschlossen ist.

Färberfrösche stammen aus dem nördlichen Südamerika vom Guyana-Plateau. Sie leben in Regenwäldern. Dort sind die Dendrobates giftig, aber nicht ganz so stark wie ihre schrecklichen Verwandten, die

Pfeilgiftfrösche Phyllobates terribilis. Das Gift entsteht, weil die Frösche andere giftige Tiere verspeisen, deren Gift umwandeln und in sogenannten Körnerdrüsen in der Haut abspeichern.

„Ziel ist Abschreckung", sagt Seuntjens. „Kommt ein Vogel und schnappt sich einen Gift-Frosch, spuckt er ihn sofort aus und rührt ihn nie mehr an, weil er wegen des Gifts so ekelig schmeckt."

Indianer haben sich das Gift zunutze gemacht. Manche spießen Pfeilgiftfrösche auf und gehen auf die Jagd. „Die sanftere Methode ist, das Tier zu fangen, zu ärgern, damit es unter Stress Gift absondert, mit der Pfeilspitze darüberzustreichen, und es dann wieder laufen zu lassen", sagt Seuntjens. Färberfrösche selbst jagen auch – und zwar mit ihrer Zunge. Die ist so schmal, dass nur Kleinst-Insekten darauf passen. Im Aquarium sind das Mikroheimchen, Fruchtfliegen und Springschwänze, die mancher Mensch aus seinem Blumentopf zuhause kennt. Färberfrösche gibt es in mehr als 30 Farbvarianten. Seuntjens zeigt drei in der Schau im dritten Stock. Alle haben eine tiefschwarze Grundfarbe, dunkelblau schimmernde Beine und gelbe Muster. Beim Alanis bildet das Gelb den Buchstaben Y auf dem Rücken. Und der Azureus ist blau gemustert. Die intensiven Farben sollen andere Tiere vor dem Gift warnen. Doch das Prinzip gelte nicht für alle, sagt Seuntjens. „So ist der Alpensalamander schwarz, aber giftiger als der auffällige Feuersalamander. Und der sehr giftige Raketenfrosch Colosthetus panamensis ist schlicht nur braun." Insgesamt sind im Aquarium zwei Dutzend verschiedene Froscharten zu sehen.

FÄRBER-FROSCH

(Dendrobates tinctorius)

HERKUNFT
Tropen, Regenwälder in Brasilien, Französisch-Guyana, Guyana und Surinam

GRÖSSE
Sie ist abhängig von der Frosch-Variante, allerdings sind Weibchen größer als Männchen

NAHRUNG
Kleinst-Insekten, Heimchen, Springschwänze

STATUS
nicht gefährdet, aber der Handel wird kontrolliert. Denn manche Varianten sind bedroht. Es gibt etliche Nachzuchten in Menschenhand.

?

Wusstest du schon,

dass früher Kaulquappen auch in Deutschland verspeist wurden? Sie waren in der Fastenzeit als „Fisch“ erlaubt. Das erzählt Mark-Oliver Rödel vom Museum für Naturkunde. Er hat von 2007 bis 2010 mit Meike Mohneke den Froschhandel in Afrika wissenschaftlich untersucht.

Die Schöne und das Biest

Bei aller Scheu: Mit Gauren ist nicht zu spaßen. Mehr als eine Tonne schwer und von der Erde bis zur Schulter 2,20 Meter hoch – dank ihrer Statur gelten sie als die größten Wildrinder der Welt. Nicht umsonst hat Zoo-Reviertierpfleger und „Herr der Ringe"-Fan Kurt Goedicke seinen Leitbullen im Zoo Gandalf genannt: nach dem mächtigen Zauberer aus Tolkiens Roman.

So viel Kraft hat Konsequenzen – und so wurde das Berliner Gaurhaus 1959 aus massivem Stein gebaut. Starke Mauern trennen auch die Innenställe. Denn in München soll ein Gaur einst mit seiner Holzhütte auf dem Muskelbuckel durch die Anlage gerannt sein. „Gaure sind so stark, dass sogar Tiger Angst vor ihnen haben", sagt Goedicke. Untereinander gehen sie jedoch selten bis zum Äußersten. Vielmehr sind die Stiere stundenlang mit Drohungen beschäftigt. Dann zeigen sie einander ihren Rückenkamm und ihre halbmondförmig gebogenen Hörner, die von schwarzer in eine weiße Färbung übergehen. Gaure sind schön. Das findet zumindest der Reviertierpfleger und verweist auf die Ägypter, die die kuhköpfige Göttin Hathor verehrten. Und auf die Inder, die Frauen ein Kompliment machen, wenn sie sie als kuhäugig bezeichnen. Doch tatsächlich, Gaure haben Esprit: Immerhin tragen sie weiße Strümpfe zum braunen Beinkleid – ihr Fell ist bis zu den Sprunggelenken hell eingefärbt. Dem Nachwuchs dient das als optische Hilfe: Bei Gefahr rennt es nur den hellen Flecken hinterher.

Forschern ist die Ästhetik egal. Im Jahr 2000 gelang es der US-Firma Advanced Cell Technology, einen Gaur zu klonen. Vielleicht eine Lösung für das Populationsproblem – die Zahl der Wildrinder nimmt ab. Doch die Hoffnung auf Arterhalt durch künstliche Reproduktion starb wie das „Noah“ genannte Tier nach zwei Tagen, eine Darmentzündung überlebte der Klon nicht.

Im Zoo Berlin ist der Erfolg der natürlichen Reproduktion so groß, dass die Tiere dort schon als besonders fortpflanzungsfreudig angepriesen werden. Meist kommen im Frühjahr innerhalb weniger Wochen mehrere Kälber zur Welt. Sie alle werden Namen mit dem Anfangsbuchstaben G erhalten. Wie Kuh Godiva – der Legende nach ritt die angelsächsische Namensvetterin im 13. Jahrhundert nackt auf ihrem Pferd durch Coventry, um ihren Ehemann dazu zu bewegen, die Steuerlast zu senken. Der britische Maler John Collier stellte sie 1898 als hübsche Dame dar. Und siehe da: Farbe und Schönheit haben die zwei Godivas gemein.

Im Tierpark wird seit 1965 der Gayal (Stirnrind) gezüchtet. Ursprünglich stammt er aus Assam und Burma. „Der Gayal soll die Haustierform des Gaur sein, genaues zur Domestikation weiß man allerdings nicht“, sagt Kurator Christian Kern. Typisch sind seine kegelförmigen mächtigen Hörner.

Wusstest du schon,

dass die Gaure aus dem Berliner Zoo sogar auf einer Briefmarke zu sehen sind? Die Deutsche Bundespost hat sie 1969 im Block herausgegeben, zusammen mit dem Pelikan, Zebra und Orang-Utan.

GAUR

(Bos gaurus)

HERKUNFT
Süd- und Südostasien (v. a. Indien)

GRÖSSE
Stockmaß 2,20 m, Kopf-Rumpf-Länge 3,30 m; größtes Rind der Welt

GEWICHT
mehr als 1.000 kg

NAHRUNG
Gemischtköstler: Gras, Laub, Kräuter

STATUS
gefährdet

BESTAND
ca. 13.000 bis 30.000 Tiere schwer zu zählen im Wald

ZUCHT
EEP* in Paris Menagerie du Jardin des Plantes, Internat. Zuchtbuch im Zoo Berlin .

* EEP Europäisches Erhaltungszuchtprogramm

Wie ist die Luft da oben?

Manche Menschen haben Schwierigkeiten, mit ihrer Zungenspitze bis zur Nase zu kommen. Für eine Giraffe ist das ein kurzer Weg, ihre Zunge ist nicht nur blau, sondern so lang, dass sie sich selbst im Ohr lecken könnte: ein halber Meter. Damit kann sie elegant die Blätter der afrikanischen Akazie abzupfen – vorzugsweise in fünf Meter Höhe. Möglich machen dass nicht nur die langen Beine, sondern auch der lange Hals. Dabei haben Giraffen als Säugetiere keinesfalls mehr Halswirbel als ein Mensch – nämlich sieben –, sondern einfach nur größere. Ein Halswirbel ist etwa so hoch wie eine Kaffeekanne. Eleganz ist trotzdem möglich: Wenn Giraffen tief und fest schlafen, legen sie zeitweise wie ein Schwan ihren Hals auf dem Körper ab, sagt Tierpark-Kurator Florian Sicks. Wenn es schnell gehen muss, können Giraffen auch im Stehen schlafen. Sie schalten dabei für Minuten einen Teil ihres Gehirns aus der Gegenwart ab.

Immer am Pumpen ist dagegen das Herz. Es ist ausgesprochen muskulös, weil es das Blut gegen die Schwerkraft bis in den Kopf des Tieres pumpen muss. Klappen in den Venen helfen dabei, einen Rückstau zu vermeiden. Nicht umsonst ist der Blutdruck der Giraffe rund drei Mal höher als der eines Menschen.

Sicher auf geraden Beinen stehen – genau das ist es, was der jüngste Spross in der Tierpark-Giraffenfamilie täglich übt. Egon kam am

8. September 2010 mit 1,76 Meter Größe zur Welt. Er wird im ersten halben Lebensjahr etwa einen Meter wachsen und als erwachsener Bulle 5,30 Meter groß. Doch trotz der langen Beine: Rasen können Giraffen mit 56 Stundenkilometer Höchstleistung nicht. „Sie haben keinen Grund“, sagt Kurator Sicks. An eine ausgewachsene Giraffe traut sich nicht mal ein Gepard –denn die Tiere schlagen blitzschnell nach hinten wie nach vorne aus. Das macht das kugelige Hüftgelenk möglich. Tatsächlich haben Giraffen aber sanfte Gemüter, nicht ohne Grund leitet sich das Wort vom arabischen „Serafe“ für „die Liebliche“ ab.

Gefährdet sind bei ihnen die Jungtiere. Bis zu 75 Prozent des Nachwuchses fallen Raubtieren wie Löwen oder Wildhunden zum Opfer. Doch Egon hatte den Bogen schnell raus: Wurde es ihm zu brenzlig, versteckte er sich einfach unter seiner Mutter Jette. Beide sind Uganda-Giraffen, auch Rothschild-Giraffen genannt, von denen es im natürlichen Lebensraum weniger als 670 Individuen geben soll. Sie gelten als bedroht, auch wenn es insgesamt noch rund 100.000 Giraffen – in neun Unterarten – in Afrika geben soll. Die Herde im Tierpark hat neun Mitglieder. Anders gesagt: rund vier Meter Zunge.

Im Berliner Zoo ist eine zweite der insgesamt neun Unterarten zu sehen: die Netzgiraffe. Vier Exemplare leben im Antilopenhaus (1872 eröffnet), dem ältesten noch erhaltenen Gebäude im Zoo.

?

Wusstest du schon,

dass Giraffen zwei Mal so groß werden können wie der Basketballspieler Dirk Nowitzki? Der Mann misst 2,13 Meter; Giraffenbullen werden im Schnitt 5,30 Meter groß, der Extremwert liegt sogar bei 5,80 Metern.

ROTHSCHILD-GIRAFFE

oder Uganda-Giraffe *(Giraffa camelopardalis rothschildi)*

HERKUNFT
Kenia und Uganda

GRÖSSE
im Schnitt 5,30 m, Extremwert 5,80 m, Giraffen gelten als die höchsten Landsäugetiere

GEWICHT
Kühe rund 700 kg, Bullen 1.100 kg

NAHRUNG
Laub, Luzerne-Heu, Obst, Gemüse, Brot

GESCHWINDIGKEIT
rund 55 km/h

STATUS
bedroht

BESTAND
670 Exemplare nach Angaben der Giraffe Conservation Foundation

Wer hat die Kokosnuss geklaut?

Fatou ist ein Menschenaffe, lebt im Zoo und ist mit mehr als 54 Jahren „vermutlich der älteste Gorilla weltweit“, sagt Zoo-Tierarzt André Schüle. Fatou war am 11. Mai 1959 als Wildfang aus Afrika nach Berlin gekommen. „Damals wurde ihr Geburtsdatum auf April 1957 geschätzt“, so Schüle. Seit dem Washingtoner Artenschutzabkommen ist das verboten, Zoos und Tierparks tauschen im Europäischen Erhaltungszuchtprogramm Nachzuchten untereinander aus. So wurde im Jahr 2005 auch Ivo aus dem Zoo Amsterdam nach Berlin transportiert. Der 1988 Geborene soll für Nachwuchs sorgen, hat das aber trotz beobachteter Paarung noch nicht geschafft. „Wir müssen warten“, sagt Schüle.

Im Sommer sind Fatou sowie Ivo und und seine Gespielinnen Mpenzi, Bibi und Djambala auf der 2009 eröffneten Außenanlage zu sehen – auch dort getrennt. Das 1050 Quadratmeter große Areal hat 750.000 Euro gekostet. Wasser grenzt die Anlage zum Publikum ab. Der Graben ist doppelt gesichert mit pflanzenverbrämter Elektronik am Ufer und Drähten im Wasser. Sollte ein Affe hineinfallen, kann er oder sie sich an einem Unterwassernetz herausziehen. Gorillas sind mit 1,75 Metern Standgröße die größten lebenden Primaten – und Nichtschwimmer. Gleichwohl gibt es Fotos von ihnen beim Baden. „Sie zeigen, wie die Tiere mit einem Stab ins Wasser stechen, die Tiefe ausloten und sich bis zur Brust hineinwagen.

Sie sind eben intelligent", sagt Schüle. So intelligent, dass ein brückenartiger Baumstamm zur Nachbarinsel entfernt wurde. Das Inselufer ist mit losen Steinen befestigt. Ivo könnte sie lösen und in seinen Innenkäfig schleppen, dessen Scheibe er Anfang 2008 demoliert hat. Das Glas hielt, Ivo blieb drinnen. Er mag es nicht, wenn Männer Augenkontakt zu ihm suchen. Tiefe Blicke schätzen Gorillamännchen nur bei weiblichen Ihresgleichen. Nicht bei Menschen. Merke: Wer Gorillas trifft, blicke demütig zu Boden.

Vielleicht hilft auch Rülpsen. Es gilt unter Gorillas – die wie wir Menschen zur Familie der Menschenaffen gehören – als Mittel der Kontaktaufnahme zu anderen Gruppenmitgliedern. Sie trommeln auch auf der Brust, schreien laut „U-U-U" und knurren – das ist als Begrüßung gemeint, als männliche Dominanz und als Aggression. Trotzdem: Spätestens seit dem Film „Gorillas im Nebel" von Dian Fossey gelten die tagaktiven Tiere als friedliebend. Wohl auch, weil sie Pflanzenfresser sind. Walnüsse, Tomaten und Paprika stehen auf dem Speiseplan.

Flachlandgorillas sind stark gefährdet. Ihr Lebensraum Regenwald schrumpft, sie werden im Kriegsgebiet Kongo von Menschen gejagt – Fossey, die für Gorillarechte kämpfte, wurde sogar ermordet. Außerdem sterben sie an dem Ebola-Virus.

WESTLICHER FLACHLANDGORILLA

(Gorilla gorilla gorilla)

HERKUNFT
Kamerun, Zentralafrikanische Republik, Äquatorialguinea, Gabun, Republik Kongo, Cabinda; Regenwälder und Sumpfgebiete

GRÖSSE
bis 1,75 m im Stehen

GEWICHT
Männchen bis 200 kg,
Weibchen bis 90 kg

BESONDERHEIT
Menschenaffen sind schwanzlos; die Arme sind länger als die Beine, ihre Spannweite beträgt 2 – 2,75 m

NAHRUNG
Blätter

STATUS
stark bedroht

BESTAND
ca. 95.000 Tiere, von den vier Unterarten die stärkste Fraktion

ZUCHT
EEP* im Apenheul Primate Park in Apeldoorn (Holland), Internationale Zuchtbuch beim Zoo Frankfurt am Main

* EEP Europäisches Erhaltungszuchtprogramm

?

Wusstest du schon,

dass eines der ältesten und bekanntesten Berliner Improvisationstheater sich „Die Gorillas" nennt? Zwölf „Gorillas" spielen seit 1997 in unveränderter Besetzung zusammen. Spielstätte ist das Ratibor Theater in Kreuzberg.

Der größte Raubfisch der Welt

Spektakulärer kann man kaum auf die Welt kommen als mitten auf einem Fischmarkt in Tokio aus dem Bauch der eigenen Mutter geschnitten zu werden. Die Mutter war ein Hai. Viele Menschen schätzen diese Fische mehr in ihrer Suppe als im Meer – also muss sie jemand fangen und verkaufen. Gegen das Prozedere ist Starwars ein Krippenspiel. Irgendwann segnen die Tiere durch menschliche Gewalt das Zeitliche – so wie Nickis Mutter. Als der Verkäufer sie im Jahr 2004 zu Haihappen verarbeite und ihren Bauch aufschnitt, glitschten zwei Jungtiere aus den Gebärmuttersäcken heraus. Manche Haie sind lebendgebärend, sie tragen ihre Eier im Mutterleib aus. Wegen dieser Aufgabe sind die Weibchen größer als die Männchen. Die Schnittgeburt in Tokio hat nur eines der zwei Tiere überlebt – der Verkäufer hatte so viel Güte, es zu retten. „Er rief einen Fischhändler an, der kaufte ihm Nicki ab. Zwei Jahre später ist das Tier zu uns gekommen", erzählt Christian Heller. Er ist Reviertierpfleger im Aquarium Berlin.

Mit 80 Zentimetern kam Nicki auf die Welt – heute ist sie mit 2,10 Meter Länge der größte Hai in Becken Nr. 19. Sie dreht ihre Runden um Ammenhaie und Schwarzspitzen-Riffhaie, um Zebrahaie und um einen Teppichfransenhai namens Wobbegong. Ein Weißer Hai ist nicht dabei – sein Name ist zu langweilig, und das Tier würde nicht mehr ins Becken passen. Bei der Nennung des größten Raubfisches der Welt, über den 1975 ein Spielfilm gedreht wurde, der wohl das Image aller 400 Haiarten für immer verdorben hat, seufzt Heller auf. Heller ist Taucher, nicht nur in den Meeren der Welt, sondern auch am eigenen Arbeitsplatz. Alle drei Wochen macht er Nickis Becken sauber. Währenddessen hat er immer die Fische im Blick. Schwimmen sie schnell oder langsam, hektisch oder ruhig? „Wichtig ist, dass alles entspannt bleibt.“ Dass ihn einer frisst, ist unwahrscheinlich – denn an den Tagen, an denen Heller und Kollegen sauber machen, wurden die Haie schon gefüttert.

Haie spüren Bewegungen durch einen besonderen Ferntastsinn: Das Organ zieht sich wie eine Linie längs jeder Körperseite. Feinste Wimpernzellen spüren kleinste Druckveränderungen im Wasser, ausgelöst durch Bewegungen.

Keiner aus der Putzkolonne will Nicki im Weg stehen. Schließlich hat sie ein massives Gebiss. Ihre dolchartigen Zähne stehen so weit vor, dass sie sogar bei geschlossenem Mund zu sehen sind. Das ist typisch für Sandtigerhaie – und es hat Nicki ihren Vornamen eingebrockt. Denn ihr Gebiss hat die Tokioter Fischhändler an einen populären Österreicher erinnert: Niki Lauda. Der Mann fährt so gut Auto wie Nicki schwimmt. „Sie kann sich auf der Stelle aus dem Nichts um 180 Grad drehen“, sagt Heller. Nicht mal hinter ihr kann man sich verstecken. Einbuddeln im Sand nutzt auch nichts. Denn durch ein anderes Spezialorgan am Kopf, die Lorenzinischen Ampullen, nehmen Haie elektrische Felder wahr. Die sendet jedes Lebewesen aus. Sogar reglos. Ein Herzschlag reicht.

SANDTIGERHAI

(Carcharias taurus)

HERKUNFT
mäßig warmes Wasser, also von gemäßigten bis tropischen Zonen, streckenweise an allen Kontinenten – und sogar im Mittelmeer

GRÖSSE
Weibchen maximal bis 3,20 m, Männchen kleiner mit max. 2,60 m

NAHRUNG
mittelgroße Fische wie Hering, Seehecht, Makrele, auch Rochen, Hummer, große Tintenfische und kleine Haie;
Im Aquarium: Krebstiere, Schellfisch, Dorsch, Tintenfisch

FÜTTERUNG
montags und donnerstags

STATUS
gefährdet

BESTAND
unbekannt

Wusstest du schon, ?

dass Haie keine Schwimmblase haben? Sie sind ständig in Bewegung, um nicht abzusinken. Ihre Leber ist besonders fettig – das macht leichter. Sie schlucken Luft, um sich im Wasser auszutarieren und so schweben und schlafen zu können.

Ganz schön scheu

Man kann sie so langweilig finden wie einen Heimatfilm: Hirsche. Doch dass man sie sich mit Jägermeister lustig trinken muss – der Gedanke ist falsch. Um die Schönheit scheuer Hirsche zu erleben, braucht man keine Drogen, sondern Geduld. „Sie verstecken sich, lassen sich nicht so leicht konsumieren wie andere Tiere, nach dem Motto: hingehen, Foto machen, weitergehen", sagt Zoo-Kurator Tobias Rahde. Hirsche sind klassische Zoo-Tiere, „weil Zoos aus Jagdgehegen entstanden sind", so Rahde weiter. Vom 40 Zentimeter kleinen Pudu-Hirsch bis zum Waldrentier sind neun von insgesamt rund 40 Arten im Zoo Berlin zu sehen. Im Tierpark sind 16 Hirschformen zu sehen, darunter der fast ausgerottete Vietnam-Sikahirsch, der mit 265 Geburten bis ins Jahr 2010 eine der erfolgreichsten Zuchtgruppen des Parks ist. Ganz neu – seit November 2010 – ist der Atlashirsch, eine Unterart des Rothirsches aus Nordafrika. „Sidi, Khenifra, Jerada und Safi sind Geschenke des Zoologischen Gartens San Diego an den Tierpark Berlin und die einzigen Atlashirsche in Europa",sagt Tierpark-Kurator Christian Kern. In eigens für sie angefertigten Kisten waren sie mit dem Flugzeug von Los Angeles nach Frankfurt geflogen und von dort mit dem Lastwagen nach Berlin transportiert worden.

Immobil dagegen ist die riesige Hirsch-Statue im Tierpark, die das Format der Tiere vor 12.000 bis 400.000 Jahren zeigt, als es eine Megafauna gab. Längst sind die europäischen Verwandten von Nashorn, Elefant und Giraffe ausgestorben, andere Großtiere wie Wisente wurden ausgerottet. „So ist nur noch der Rothirsch als letztes freilebendes Großtier in Europa zu sehen“, sagt Rahde, mit viel Glück sogar im Grunewald, in der Dämmerung. Ebenfalls nachtaktiv ist der Prinz-Alfred-Hirsch, eine Art, die von den Philippinen stammt und auf deren Haltung Rahde stolz ist. „Es handelt sich um eine der seltensten Hirscharten der Welt.“ In freier Wildbahn leben geschätzt maximal 200–300 Exemplare, sie sind stark gefährdet. Im Zoo Berlin kamen bislang 28 Jungtiere zur Welt.

Um den Nachwuchs kümmert sich die Mutter. Vater und Kind haben sich nichts zu sagen, die Söhne werden mit der Geschlechtsreife zu Rivalen. Um in der Brunft Kämpfe auszutragen, benutzen Hirsche ihr Geweih, das sie – zusammen mit Rehen und Rentieren – von allen anderen Huftieren wie Antilopen oder Rinder unterscheidet. Die Geweihe der Prinz-Alfred-Hirsche sind – wie das ganze Tier – zierlich und kurz, haben maximal nur sechs Enden. Rothirsche können es auf bis zu 20 bringen, Atlashirsche auf 8 bis 12. Nun ist im Dschungeldickicht weniger Ballast mehr, die Umwelt formt das ganze Tier: Es ist vorne kleiner als hinten. „So können sie sich besser ins Dickicht zwängen“, erklärt Rahde. Das Tier wird deswegen auch Schlüpfer genannt. Wahrlich kein Marketing-Knüller, die Bezeichnung. Aber wenigstens komisch.

?

Wusstest du schon,

dass sich an vielen Taufbecken in Kirchen Hirschbilder finden? Das Tier sucht sich immer frisches Wasser und steht für die Suche des Menschen nach Gott. Als Symboltier der Gottsucher kommt es in dem japanischen Kinderfilm „Prinzessin Mononoke" von Hayao Miyazaki vor.

PRINZ-ALFRED-HIRSCH

(Rusa alfredi oder Cervus alfredi)

HERKUNFT
Philippinen, Visayas-Inseln (Regenwälder)

GRÖSSE
Schulterhöhe 0,65 bis 0,80 m

GEWICHT
40–50 kg

NAHRUNG
Gräser, Blätter

STATUS
stark gefährdet

BESTAND
abnehmend, 200–300 Exemplare in freier Wildbahn, rund 1.800 mit den in Zoos Lebenden

ZUCHT
Internationales Zuchtbuch für Prinz-Alfred-Hirsche im Zoo Landau (Pfalz); Internationales Zuchtbuch für Vietnam-Sika-Hirsche im Tierpark Berlin

So ein Frechdachs

Er ist so frech und unerschrocken wie ein Kobold. Nur kichert der Honigdachs im Tierpark nicht so hoch wie Hans Clarin als Pumuckl, sondern er keckert blechern, wenn er sich über Besuch von Kurator Christian Kern freut. Kern bringt tote Mäuse und Küken, die Honigdachs Anatol mit seinen langen Grabklauen greift und dann so schnell und problemlos verputzt, als wären es Gummibärchen. Die Tiere machen alles kaputt, was sie in die Klauen bekommen – und sind auch deshalb selten in Zoos zu sehen. Und sie fressen einfach alles, was sie erbeuten können, sogar das Jungtier einer Gazelle. Oder giftige Schlangen. Denn einem Honigdachs macht es wenig aus, wenn ein Tier zurückbeißt. „Er hat eine bis zu sechs Millimeter dicke Haut, die außerdem nur lose mit dem Unterhautbindegewebe verbunden ist", erklärt Kurator Kern. Man kann ihn also nicht so recht packen – außer wenn es um den Bauch geht, dort ist die Haut recht dünn. Und schwarz. Jeder Honigdachs ist farblich clever getarnt. Anders als die meisten Säugetiere ist er unterm Bauch dunkel gefärbt und auf dem Rücken hell, nämlich silbern. Greifvögel irritiert diese „verkehrte Welt". Bis sie ihre Beute schließlich identifiziert haben, ist das stämmige kleine Kerlchen schon in einem Bau verschwunden. Davon hat das einzelgängerisch lebende Tier mehrere. Honigdachse haben in der Regel ein großes Revier und schon aus Bequemlichkeit mehrere Schlafstätten. Auch ihr

Verbreitungsgebiet ist groß, es reicht von Afrika südlich der Sahara über die Arabische Halbinsel bis nach Indien und Zentralasien. Anatols Eltern waren Honigdachse aus Tansania. Der Name täuscht ein wenig. „Honigdachse zählen eher zu den Wieseln als zu den Dachsen", sagt Kern. Und trotzdem machen sie ihrem Namen alle Ehre. Sie lieben Honig. Manchmal helfen ihnen kleine Spechtvögel, die Bienen zu finden. Wenn der Honiganzeiger genannte Vogel einen Bienenstock gefunden hat, zeigt er dem Honigdachs zwitschernd den Weg dorthin. Der Honigdachs reißt mit seinen Klauen den Stock auf – auch Bienenstiche steckt er locker weg – und leckt den Honig auf, und der Honiganzeiger frisst die Bienenlarven.

Ein Honigdachs-Pärchen soll im 19. Jahrhundert im Zoo Berlin gelebt haben. Der damalige Honigdachs – Kern hatte seine Zeichnung in Hecks „Lebende Bilder aus dem Reiche der Tiere" gesehen – hieß Anatol. Um an die Tradition anzuknüpfen, hat Kern den Neuzugang vom August 2010, einen Honigdachs aus dem Zoo Prag, Anatol genannt. Nun ist der Kurator auf der Suche nach einem Weibchen für die Zucht. Bis dahin muss er aufpassen, dass Anatol sich nicht ausgräbt und flüchtet, so wie das Honigdachse gerne tun würden. Bislang aber hat Anatol nur in Richtung Hauswand eine tiefe Grube gegraben. Mit Glück bekommt man das dämmerungsaktive Tier im Tierpark Berlin zu Gesicht – als einzigem Zoo in Deutschland. Ansonsten muss man bis nach Prag oder Großbritannien (Zoo Howletts) fahren.

? Wusstest du schon,

dass Honigdachse nicht mit echten Dachsen enger verwandt sind, sondern eher mit Wieseln und Mardern? Die können auch stinkig sein, also aus Analdrüsen üble Gerüche absondern, wenn sie ihr Revier markieren oder sich bedroht fühlen.

HONIGDACHS

(Mellivora capensis)

HERKUNFT
weite Teile Afrikas und Asiens

GRÖSSE
von Kopf bis Rumpf 50–80 cm,
Schwanz 15–30 cm

GEWICHT
7 bis 16 kg

NAHRUNG
Schwäche für Honig, sonst vor allem Fleischfresser, Kleinsäuger, Vögel, Insektenlarven, Skorpione, Frösche, kleine Krokodile und Giftschlangen

STATUS
gering bedroht

BESTAND
unbekannt, lokal abnehmend

Wildes Gelächter

Hyänen gähnen. Warum auch nicht? Max Raabe singt davon. Florian Sicks kann es bestätigen. Er ist als Kurator im Tierpark zuständig für Raubtiere. Hyänen sind mutige Vertreter ihrer Art: Sie legen sich sogar mit Löwen an. Noch ist ihr Image so schlecht wie der Kadaver, den sie verputzen. „Doch inzwischen setzt sich die Erkenntnis durch, dass Aasfresser im Ökosystem eine wichtige Rolle spielen“, sagt Sicks. Aas ist nicht alles – Tüpfelhyänen bestreiten damit nur ein Drittel ihrer Nahrung. Der Rest wird frisch gejagt. Dabei zeigt die Hyäne große Ausdauer. Sie hetzt ihr Opfer mit 55 Stundenkilometern bis zur Erschöpfung. Dann reißt sie die Antilope oder den Springbock in Stücke. Kein schneller Tod – den Tötungsbiss der Raubkatzen beherrscht die Hyäne nicht.

Der Schädelkamm macht sie so mächtig. An ihm können sehr viele Muskeln ansetzen, deshalb ist der Biss der Hyäne so kräftig: Sie brechen Knochen. Und sie verdauen sie komplett – ihre Magensäure ist, wie die von Schlangen, sehr viel saurer als die unsere.

Ganz anders ist der Umgang mit dem eigenen Nachwuchs. Im Hyänenclan ist die Partnerwahl freigestellt. Trächtige Weibchen werfen ihre Jungtiere in einer Höhle und bleiben dort bis fünf Wochen mit ihnen allein. Dann ziehen sie in eine größere Höhle und mit anderen Müttern und Kindern zusammen. Jede beschützt alle, säugt aber nur die eigenen Kinder.

Das Männchen ist immer außen vor – um nicht zu sagen, der Depp. Schon die Kinder spüren das und machen mit ihren Vätern, was sie wollen. Schließlich stehen sie unter Muttis Schutz. Und sie ist zehn Prozent größer als er. Außerdem trägt sie einen Scheinpenis.

Im Tierpark ist die Unterdrückung deutlich zu sehen. Vater Karah (1999 geboren) hält sich so weit wie möglich von allen entfernt. Die 1994 geborene Mutter Malindi ist die Chefin. Mit Ikoma und Kalabi (2008), Kadera und Luena (2010) leben vier Jungtiere im Clan. „Ikoma schläft oft bei seinem Vater", sagt Reviertierpfleger Michael Horn. Vermutlich heimlich. In freier Wildbahn müssen die Jungen sich einen neuen Clan suchen. So erklärt sich Sicks Lieblingslegende von selbst: „Danach reiten in Afrika Hexen nicht auf Besen. Sie reiten auf Hyänen."

Trotz Unterdrückung – alle Hyänen lachen. Es klingt mehr wie ein Scheppern, ein Meckern. Die Tonhöhe verrät die Rangordnung. „Junge Tiere lachen höher als alte, Männchen höher als Weibchen", sagt Sicks. Wenn sich der ganze Clan um Beute schart, kann jedes Mitglied ohne zu gucken an der Tonhöhe seines Nachbarn erkennen, ob es Platz machen muss (tieferes Lachen) oder nicht.

In der Antike – im Griechischen steht Hyäne für „Sau" – wurden sie gezähmt, gemästet und gegessen. In Nigeria richten „Hyänenmänner" die Tiere ab, um Wunderheilmittel zu verkaufen oder Schulden einzutreiben. Im Tierpark dienen die drei Arten Tüpfel-, Schabracken- und Streifenhyänen der Anschauung.

TÜPFELHYÄNE

oder Fleckenhyäne
(Crocuta crocuta)

HERKUNFT
Afrika, von der Sahelzone bis nach Südafrika

GRÖSSE
0,77 m bis 0,81 m, größte Hyänenart

GEWICHT
50 – 60 kg, einzelne Tiere bis 86 kg

GESCHWINDIGKEIT
bis 55 km/h

NAHRUNG
von der Raupe bis zum Elefant, auch Aas

SOZIALVERHALTEN
einzigartig unter den Raubtieren, alle Clanmitglieder kennen einander, bewohnen ein gemeinsames Revier und ziehen die Jungtiere in einem gemeinsamen Bau groß. Aber sie verbringen viel Zeit allein oder in Grüppchen.

STATUS
nicht gefährdet

BESTAND
27.000 – 47.000 Tiere, 70 bis 80 Tüpfelhyänen in europäischen Zoos

ZUCHT
Es gibt für alle drei Hyänenarten (Tüpfel-, Streifen- und Braune Hyäne) ein ESB*, das im Holländischen Zoo Amersfoort geführt wird.

*ESB European Studbook (Europäisches Zuchtbuch)

Wusstest du schon, ?

dass Hyänen nicht zur Familie der Feliden und Caniden gehören – also weder Katze noch Hund sind –, sondern eine eigene Familie daneben bilden. Denn sie haben besondere Merkmale: Sie haben deutlich längere Vorder- als Hinterbeine, und sie tragen einen breiten Schädelkamm. Außerdem haben die männlichen Vertreter keinen Penisknochen wie die übrigen Raubtiere.

Besuch aus „Downunder“

Kängurus leben auf der anderen Seite der Weltkugel. Auch die im Zoo sind nicht einfach zu erreichen. Sie sind auf dem Erweiterungsgelände in Tiergarten untergebracht, weitab aller Eingänge. Die Erwachsenen haben ihre Wiese und den Stall. Und die Jungtiere **Muttis Beutel**. Nach 33 Tagen als Embryo im Mutterleib begeben sich die Radiergummi-kleinen Geschöpfe vom Geburtskanal aus auf Wanderschaft: an einer von Mutti aufs Fell geleckten Spur nach oben in den Beutel. Dort saugen sich die Babys an einer Zitze fest – bis sie nach einigen Wochen das erste Mal frische Luft schnappen. Wenn der Nachwuchs später im Freien lebt und nur zum Trinken den Kopf in Muttis Beutel steckt, kann er Geschwistern „Guten Tag“ sagen. Känguru-Frauen sind **Supermütter**: Sie können drei Kinder gleichzeitig haben: einen Embryo im Bauch, ein Jungtier im Beutel und eins draußen bei Fuß.

Wer über Riesen-Kängurus redet, spricht häufig vom Boxen. Früher wurden den Tieren in Zirkussen Boxhandschuhe übergezogen. Bei den ritualisierten Kämpfen richten sich die bis zu 90 Kilo schweren Männchen auf und schätzen die Stärke des Gegners ein. Kommt es zum Kampf, nehmen sich beide mit den Vorderbeinen in einen Klammergriff und treten aufeinander ein. **„Thai-Boxen“**, sagt Zoo-Kurator Ragnar Kühne.

Nun stammen Kängurus aus Australien, worüber der Reiseschriftsteller Bill Bryson ein witziges Buch namens „Frühstück mit Känguru" verfasst hat. Schließlich gibt es mehr als 60 Arten und Millionen Exemplare, wenngleich Tausende als Verkehrstote die Straßen durchs Outback säumen. Viele andere landen im Kochtopf. Kängurus sind nicht bedroht und werden gebietsweise kontrolliert gejagt.

Im Zoo sind eine Handvoll Riesen-Kängurus zu sehen: Männchen Sydney führt das Rudel der drei Weibchen an. Rote Riesenkängurus gelten als die größten lebenden Beuteltiere und sind aufgerichtet 1,80 Meter hoch. Rot deswegen, weil die Männchen zur Paarungszeit ein rötliches Sekret entwickeln und sich und ihre Partnerinnen eincremen. Wird einem Känguru heiß, leckt es sich ab und lässt die Flüssigkeit verdunsten.

Im Zoo sind außerdem Bürstenratten-Kängurus und Parma-Kängurus zu sehen. Der Tierpark kann seit Juni 2010 mit der Haltung dreier Gelbfuß- oder Ringelschwanz-Felsenkängurus punkten. Die Junggesellen heißen Luke Foster, Nowa und Oz. Die Art wird in Deutschland nur in Berlin gezeigt. Die Känguru-Anlage ist sogar für Besucher begehbar. Anders als die steppenbewohnenden Känguruarten leben Felsenkängurus auf Sandsteinfelsen in Südaustralien. „Die Art war einst durch Jagd nach ihren Fellen, aber auch durch Einschleppung von Füchsen, Hauskatzen, Schafen und Ziegen beinahe ausgerottet", sagt Tierpark-Kurator Christian Kern.

Wusstest du schon?

dass manche Australier verwaiste Känguru-Jungtiere aufziehen und sie Skippy nennen. So hieß das Busch-Känguru, das 1967 erstmals Down-under über den Bildschirm hüpfte.

ROTES RIESEN-KÄNGURU

(Macropus rufus)

HERKUNFT
Australien

GRÖSSE
1,80 m – größter Vertreter der Kängurus und größtes lebendes Beuteltier

GEWICHT
maximal bis zu 90 kg (Männchen)

GESCHWINDIGKEIT
mehr als 60 km/h

SPRUNG
bis zu 9 m weit und 3 m hoch

NAHRUNG
Gras, Blätter, Baumrinde

STATUS
nicht bedroht

BESTAND
Millionen

Schlaues Äffchen

In Cornelia Funkes Roman „Tintenherz“ kommen fliegende Affen vor. Fliegen können die Affen im Tierpark nicht. Aber es sieht so aus – so behände und flink klettern sie die Äste entlang und springen zum Gitter. Und sie sind angriffslustig, denn sie halten Tierarzt Andreas Pauly für einen Bösewicht. Pauly hat sie einmal angeschossen – zur Betäubung aus einem Blasrohr – und mit einer Spritze gepiekt. Er hat die drei aus der Männergruppe gegen einen Hautpilz behandelt, durch den ihnen alljährlich das Fell ausfiel. Die Blasrohr-Aktion datiert aus dem Jahr 2005. Kein Problem für die Kapuzineraffen. „Sie haben ein gutes Gedächtnis, sie sind überhaupt sehr intelligent“, sagt Pauly und sieht lächelnd über die gebleckten Zähne und das Gebrüll der Affen hinweg.

„Kapuzineraffen“, erzählt Pauly, „werden in den USA dazu ausgebildet, Behinderte zu unterstützen.“ Sie helfen im Haushalt: machen Licht an, öffnen Kühlschranktüren und holen die Zeitung. Manche mögen sich an die Äffchen erinnern, die für Leierkastenmänner das Münzgeld einsammelten. „Auch das waren Kapuziner“, sagt Pauly. Braune Kapuziner, wie sie im Zoo Berlin zu sehen sind. Sie zählen in ihrer südamerikanischen Heimat gebietsweise zu den bedrohten Tierarten.

Die Gelbbrust-Kapuziner sind sogar vom Aussterben bedroht. Die Exemplare im Tierpark gehören dem brasilianischen Staat. Der Bundesstaat Bahia an der Ostküste ist ihr Herkunftsgebiet. Das brasilianische Institut für Umwelt hat 1992 ein Komitee für das Zuchtprogramm und Schutzmaßnahmen eingesetzt und zur Auflage gemacht, dass Zoos, die Gelbbrust-Kapuziner zeigen wollen, den Schutz der Affen oder die Forschung finanziell unterstützen. Das Zuchtbuch über die 120 Affen, die in europäischen Zoos zu sehen sind, führt Jean-Marc Lernould, Ex-Direktor des Zoos Mulhouse.

Die Mehrzahl der Tiere, 70 Affen, ist männlich. Pauly schätzt sich also glücklich, dass er neben seiner Männergruppe ein Zuchtpaar – sprich: auch ein Weibchen! – besitzt.

Es heißt Obi, stammt aus dem holländischen Affenpark Apenheul, ihr Gefährte Yacu aus dem Zoo Zürich. Sie haben im Jahr 2008 Chico bekommen und 2010 ein weiteres Baby. Obi lässt es nur zum Trinken an die Brust. Den Rest der Zeit trägt sie es auf dem Rücken. „Typisch Kapuziner", sagt Pauly. Das Geschlecht des Jungtiers ist dem Tierarzt noch nicht bekannt. Um das herauszufinden, müsste er das Kind von der Mutter trennen. Den Affenaufstand will Pauly sich ersparen. Drei Feinde unter Gelbbrust-Kapuzinern reichen.

GELBBRUST-KAPUZINER

(Cebus xanthosternos)

HERKUNFT
Küstenwälder im östlichen Brasilien

GRÖSSE
vom Kopf bis zum Rumpf bis zu 40 cm, Schwanz bis zu 50 cm

GEWICHT
Männchen bis 4 kg, Weibchen bis 3 kg

FARBE
Brust, Bauch und Oberarme bilden mit ihrer gelben Färbung einen starken Kontrast zum restlichen, rötlich braunen Fell. Gelbbrust-Kapuziner sind „gehaubt“, sie tragen also einen auffälligen Haarschopf. Braune Kapuziner dagegen sind ungehaubt.

NAHRUNG
Allesfresser; Früchte, Nüsse, Blüten, Vogeleier, Spinnen

STATUS
vom Aussterben bedroht

BESTAND
Es gibt keine genauen Zahlen.

ZUCHT
Internationales Zuchtbuch und EEP* im Zoo Mulhouse in Frankreich

* EEP Europäisches Erhaltungszuchtprogramm

Wusstest du schon, ?

dass Kapuziner sich im Geäst meist auf allen vieren fortbewegen? Ihren Namen verdanken sie ihrer Fellfärbung. Sie gleicht den Kutten der Kapuzinermönche.

Kleiner Laufvogel

Es gibt Vögel, die können fliegen und gehen. Das sind fast – aber auch nur fast – alle Vögel. Dann gibt es Vögel, die können immerhin watscheln und schwimmen – wie die Pinguine. Und es gibt Vögel, die können weder fliegen noch schwimmen, dafür aber laufen. Der Strauß schafft unter ihnen mit 70 Kilometer pro Stunde sogar den Rekord! Und dann gibt es die Kiwis. Das sind auch Laufvögel – aber keine schnellen. Sie sind klein – und wie soll man mit kurzen Beinen Renn-Rekorde brechen? Zumal, wenn man in einer Umgebung lebt, die dazu keine Möglichkeit lässt: Kiwis sind in den Wäldern Neuseelands aktiv – und zwar nachts. Ein Kiwi, so könnten Kenner argumentieren, hat Raserei nicht nötig. Er ist auch ohne Sensationen zum Wappentier Neuseelands geworden. Außerdem ist ein Obst nach ihm benannt: die Kiwi.

Der Namensgeber ist unscheinbar und doch erstaunlich. Seine Körpertemperatur liegt mit 38 Grad Celsius auch während körperlicher Aktivität unter der der meisten Vögel – dort beträgt sie meist über 40 Grad. Säugetieren gleicht er auch wegen einer Angewohnheit: Kiwis markieren ihr Revier durch Kot. Die Masse wird wohl nie an die Menge heranreichen, die die Berliner Stadtreinigung alljährlich von den Hauptstadtwegen absaugt. Kiwis wäre das nicht schnuppe: Sie können zwar nicht besonders gut sehen, aber umso besser hören und sehr gut schnuppern respektive riechen. Das kommt bei Vögeln selten vor. Des Kiwis Nasenöffnungen liegen nicht an der Basis, sondern schon an der Spitze seines Schnabels. Und mit dem Schnabel stützt er sich oft auf wie auf einem dritten Bein, um beim Ruhen einen besseren Stand zu haben.

Das ist auch im Zoo zu beobachten – aber nur in den Schlafboxen. Dort lebten im Frühjahr 2011 neun Kiwis, und zwar hinter den Kulissen, schlichtweg deshalb, weil sie tagsüber sowieso schlafen. Die ersten Exemplare hatte die Einrichtung im Jahr 1986 erhalten. „Der bis dahin einzige zuvor in Berlin gehaltene Kiwi lebte von 1892 bis 1903“, sagt Zoo-Kurator Ragnar Kühne. Später dann, zwischen 1988 und 2010, schlüpften zehn Kiwiküken im Berliner Zoo. Vom Zoo bis in den angrenzenden Tiergarten ist auch zu hören, dass Kiwis gut bei Stimme sind – nur Vollmond und starken Wind mögen sie nicht so gern. Doch sonst rufen sie Nacht für Nacht, Woche für Woche, Jahr für Jahr. In neuseeländischen Wäldern – die können undurchdringlich sein, wie man aus den „Herr der Ringe“-Filmen weiß – ist die Stimme ein wichtiges Kontaktmittel. Kiwis nutzen ihre schrillen Pfiffe vermutlich zur Revierabgrenzung.

Ein Revier ist zumeist von einem Pärchen und dem Nachwuchs besetzt. Kiwis sind treue Tiere, sie suchen sich erst jemand Neues, wenn ihr Partner gestorben ist. Doch vor dem Tod steht die Geburt – und bei der vollbringen die Kiwimütter dann doch einen Rekord: Die Eier erreichen bis zu 30 Prozent ihres Körpergewichts. Das sind im Verhältnis zur Körpergröße die größten Vogeleier der Welt.

NÖRDLICHER STREIFENKIWI

(Apteryx mantelli)

HERKUNFT
Nordinsel Neuseelands

GRÖSSE
Höhe bis 35 cm, Länge von der Schnabelspitze bis zum Hinterende etwa 50 cm

GEWICHT
1 bis 4 kg

NAHRUNG
Allesfresser, die aber hauptsächlich wirbellose Tiere erbeuten

STATUS
alle fünf Arten gelten als gefährdet

BESTAND
etwa 45 Exemplare in elf Institutionen in Nordamerika und Europa; der Freilandbestand wird auf ca. 30.000 Vögel geschätzt

ZUCHT
Internationales Zuchtbuch im Smithsonian National Zoological Park, Washington (USA)

?

Wusstest du schon,

dass der neuseeländische Vogel „Kiwi" Namensgeber war für die Frucht, die eigentlich „chinesische Stachelbeere" heißt? Denn die Frucht wurde außerhalb Asiens erstmals in Neuseeland angepflanzt und 1959 von dort unter dem Namen „Kiwi" exportiert. Das liegt auch daran, dass der Kiwi das National- und Wappentier des Landes ist. Und die Bewohner Neuseelands nennen sich selbst „Kiwis".

Acht Arme

Wenn er sich aufregt, wird er blass. Wenn er wütend ist, rot. Und je nachdem, wen er jagen will, passt er seine Haut zur Tarnung an: Sie wird glatt oder pickelig. Die Rede ist nicht vom wütenden Lehrer oder Chef, sondern vom Kraken aus dem Aquarium Berlin.

Er ist nicht so berühmt wie sein Artverwandter, der Krake Paul aus dem Sea Life in Oberhausen, aber wahrscheinlich ähnlich schlau. Paul hatte zur Fußball-Weltmeisterschaft 2010 acht Spielausgänge korrekt vorhergesagt. Der Berliner Krake wurde nicht gefragt. „Bei uns bleiben die Tiere Tiere", sagt Reviertierpfleger Christian Heller. Dem Kraken kann es recht sein. Er ist ein Einzelgänger, gilt als scheues Tier, aber zugleich als so intelligent wie, nun ja, Ratten. Das ist im Aquarium zu erkennen, wenn der Krake sein Futter – also Garnelen, Muscheln und Fischstückchen – aus diversen Behälter herauspult, also selbst den Deckel aufdreht.

Es liegt am Gehirn, genauer gesagt: am Nervensystem. Das ist bei Kraken hoch entwickelt. Sie können sogar planen. Ein kleiner Krake namens Amphioctopus marginatus sammelt Kokosnüsse und baut sich daraus eine Schutzburg. Wenn er dort vertrieben wird, schleppt er die Schalen mit.

Arme zum Tragen hat er genug. Betrachten wir die genauer: Kraken – octopoda genannt, und der Name verrät es – haben acht Arme. Sie sind stark von Nerven und Ganglien, also Nervenknoten, durchzogen und können sich unabhängig vom Gehirn bewegen. Manche Octopoden trennen sich sogar ganz von einem Arm. Denn der trägt eine mit Spermien gefüllte Kapsel bei sich und robbt damit alleine die australische Küste auf und ab, auf der Suche nach einem Weibchen. Der Berliner Krake kann das nicht, er ist von anderer Art, ein Octopus vulgaris. Außerdem weiß Heller noch nicht, welches Geschlecht das Tier hat. Es stammt aus dem Mittelmeer. Seine Lieblingsbeschäftigung: Es baut sich aus Muschelschalen und Steinen eine Höhle.

Die Wassertemperatur hält Heller konstant auf 17 Grad. „Je wärmer das Wasser, desto früher sterben die Tiere", sagt er. Kühlt umgekehrt die Temperatur ab, verlangsamt sich der Stoffwechsel und das Tier wird älter. Maximal beträgt die Lebensdauer etwa zwei Jahre.

Apropos Tier: Kraken sind keine Fische. Korrekt ist die Bezeichnung Tintenschnecken. Denn sie sind Weichtiere, haben nicht mal Knochen. Weicheier sind sie nicht: Sie zu unterschätzen kann tödlich sein. Sie können sich nämlich in schmalste Spalten quetschen und ihrer Beute nachsetzen. Dann stülpen sie sich darüber und zernagen sie mit ihrem Hornschnabel. Doch selbst wenn sie riesig werden – der Pazifische Riesenkrake soll neun Meter Spannweite haben: Für Menschen sind sie in aller Regel nicht gefährlich. Auch wenn immer wieder Seemannsgarn gesponnen wird von Riesentintenfischen, die Schiffe angreifen.

KRAKE

(Octopus vulgaris)

HERKUNFT
tropische und subtropische Meere, v. a. Flachwasserregionen bis 200 m

GRÖSSE
Fangarme bis zu 1 m Länge

GEWICHT
3 – 4 kg

NAHRUNG
Krabben, Muscheln, Schnecken,

STATUS
nicht gefährdet

BEACHTE
die acht Fangarme. Sie sind typisch für Kraken. Die übrigen Tintenfische haben zehn Arme!

?

Wusstest du schon,

dass Kraken-Weibchen Tausende, ja Hunderttausende Eier produzieren? Sie legen sie in Schnüren in Höhlen und Felsspalten ab. Die Brutzeit kann bis zu zwei Monate dauern. Weil sie währenddessen kaum essen, sterben viele Mütter.

Der kleine Drache

Es gibt ausgewachsene Nashörner, die kann man auf den Arm nehmen. Sie wiegen bedeutend weniger und sind viel kleiner als die Dickhäuter, die durch Afrikas Nationalparks und Zoos rennen. Ihr vollständiger Name lautet: Nashornleguane.

Die Echsen tragen den Zunamen wegen dreier kleiner Hörner, so hoch wie ein Fingernagel, die ihnen auf dem Kiefer stehen. Das könnte gefährlich wirken und Feinde abschrecken, genau wie die Backen- und Stirnwülste und die endlose Stachelreihe auf dem Rücken. Die entpuppt sich beim Zupacken allerdings als weicher Hautkamm. So bleibt der Gesamteindruck ein freundlicher, wohl auch, weil der stellvertretende Reviertierpfleger Ronny Keßner einfach eines der großen Glasfenster öffnet, sich ins Terrarium setzt, einen Nashornleguan auf den Arm nimmt und unterm Kinn krault. Das ausgewählte Exemplar – ein Weibchen – schaut ihm verträumt in die Augen und lässt langsam die Lider sinken. Wäre es eine Katze, es würde schnurren.

„Das war anfangs ganz anders“, sagt Keßner und setzt das Tier behutsam zurück. Im Jahr 2006 kamen ein Pärchen und ein Weibchen aus verschiedenen Zoos ins Aquarium. Sie mochten sich weder untereinander noch ihr neues Zuhause samt Personal. Keßner wechselte die Zusammenstellung. Er ließ das schwächste Glied, das maximal 1,20 Meter lange Männchen, alleine im Terrarium – „damit er die Fluchtwege kennenlernt“ –, setzte dann das schwächere Weibchen dazu und zum Schluss die stärkste Echse. Das Experiment dauerte anderthalb Jahre und gelang so gut, dass inzwischen drei weitere Nashornleguane in der Gruppe leben. „Sie sind soziale Tiere – solange sie sich leiden können“, sagt Keßner.

Das mit dem Mögen hat funktioniert. Am 19. Juli 2010 hat ein Weibchen Eier in einem selbst gegrabenen Kessel im Sand versteckt und sich wie ein Wachposten nicht mehr vom Fleck gerührt. „Jedes einzelne Ei ist größer als ein Tennisball“, sagt Keßner. So erklärt sich auch, warum Leguan-Weibchen größer sein müssen als die Männchen: Sie brauchen mehr Platz für Zuwachs.

Rund 87 Tage dauert es, bis der Nachwuchs aus dem abgelegten Ei schlüpft. Doch das wollten die Tierpfleger nicht der Natur überlassen. „Wir haben das Weibchen abgelenkt und sieben Eier aus einem Meter Tiefe ausgebuddelt“, so Keßner. Das war Maßarbeit, denn die Eier sollten weder beschädigt noch gedreht werden. Keßner brachte das Gelege in einen Brutkasten, wo sich am 13. Oktober 2010 sieben Jungechsen mit einem Eizahn aus den Schalen schnitten. Sie wogen sie 50 Gramm und waren 28 Zentimeter lang. Fünf haben überlebt. In jungen Jahren können sie sich alle vier Wochen häuten. Das hört nie auf, verlangsamt sich aber: An Keßners Kraulfreundin, rund 35 Jahre alt, hängt die bräunliche obere Hautschicht schlaff am Körper. Doch darunter glänzt schon die neue Schicht in Türkis- und Grautönen.

NASHORN-LEGUAN

(Cyclura cornuta)

HERKUNFT
Karibik (Puerto Rico, Hispaniola, Dominikanische Republik, Haiti; v. a. Sand- und Steinwüsten)

GRÖSSE
1,20 m gesamt (mit Schwanz)

GEWICHT
6 – 8 kg

NAHRUNG
Pflanzen, Insekten, Schnecken und selten einmal eine Maus

FÜTTERUNGSZEIT
täglich vormittags

STATUS
gefährdet, auf Cites (I) gelistet, also im Handel beschränkt

BESTAND
keine aktuellen Zahlen

ZUCHT
Internationales Zuchtbuch im Zoo Frankfurt a. M.

SUCHE
die Wülste auf dem Kopf! Sie sind vor allem bei älteren Männchen stark entwickelt und gut zu erkennen. Unter der Haut bestehen sie aus Fett.

Wusstest du schon, ?

dass Nashornleguane in Kolonien leben? Zur Paarungszeit allerdings ziehen sie sich zurück und werden stressig. Die Männchen kämpfen gegeneinander um die Weibchen, und die Weibchen kämpfen untereinander um die besten Plätze zur Eiablage.

Eure Majestät

Der Löwe „der König der Tiere"? Von wegen. Jeder Stubenkater ist aktiver. Löwen sind stinklangweilig und faul, sagt Zoo-Kurator Heiner Klös. „Als unser Löwenhaus 1936 fertiggestellt wurde, hatte der Zoo sogar einen Dompteur angestellt, damit die Besucher aktive Löwen zu sehen bekamen." Fressen und schlafen, fauchen und brüllen – mehr passiert nicht." König der Tiere, das dachte man lange vom Löwen, weil er mit seinem Rudel ein 400 Quadratkilometer großes Revier verteidigen kann", erklärt Klös. Das macht die Raubkatze nur, wenn zu wenig Beute in der Gegend lebt.

Löwen sind nach Tigern die zweitgrößten Katzen und in Afrika das größte Landraubtier. Sie greifen in der Gruppe an. „Taktiker sind sie", sagt Klös. Die Frauen geben den Jagdton an und reißen die Beute – lassen dann aber den Männchen den Vortritt, damit die sich den „Löwenanteil" holen können. Sie sollen ihren Harem auch beschützen. Ihre Löwenmähne ist Teil des Programms: Sie dient als Schutz vor Prankenhieben und Bissen von Rivalen; außerdem sind lange, dunkle Mähnen ein Zeichen guter Verfassung, denn Hormonstatus und Ernährung haben Einfluss auf die Dichte und Länge der Haare.

Fressen, bis nichts mehr reingeht – der Rest ist für die Damen. So ist es in freier Natur – nicht im Zoo und Tierpark. Dort werden die Löwen getrennt gefüttert.

Die Tage des Löwenbändigers sind im Zoo längst passé, geboten bekommen Besucher dennoch einiges. Zwar sollen Löwenmütter ihren Nachwuchs selbst aufziehen, doch im Jahr 2010 war Aketi zwar nett zu ihren Zwillingssöhnen Nathan und Miron, nur säugen wollte sie sie nicht. Die Tierpfleger Mario Grüßer und Nicole Marszalek sprangen ein und wurden entsprechend zerkratzt. „Löwenkinder müssen lernen, dass sie ihre Krallen nicht nur aus-, sondern auch einfahren können", sagt Zoo-Kurator Heiner Klös.

Die Eltern Aketi und Aru sind Geschwister aus dem Zoo Wuppertal. Klös hat die beiden zusammengelassen, damit Aketi Muttergefühle erleben kann. „Die Lage ist schwierig, weil nur noch rund 200 afrikanische Löwen in europäischen Zoos leben, aber die Fachleute sich nicht auf ein Erhaltungszuchtprogramm einigen können." Auch bei kleineren Populationen von Löwenunterarten wäre die Gefahr von Inzucht vorhanden. Zu geringer genetischer Austausch birgt Inzucht und die Gefahr von Krankheiten in sich. Letztere machen Löwen in freier Wildbahn zu schaffen. Da die einheimische Bevölkerung sich räumlich ausdehnt, ziehen auch deren Haustiere weitere Kreise. So steckten sich Löwen mit dem Felinen Immundefizienz-Virus, einer Art Katzen-HIV, an, erklärt Klös. Außerdem werden die Raubkatzen immer noch gejagt.

In Indien leben etwa 300 Löwen im Gir-Nationalpark im Bundesstaat Gujarat. Im Tierpark Berlin leben drei Asiatische Löwen.

LÖWE

(Panthera leo)

HERKUNFT
Afrika *(Panthera leo)* und Indien *(Panthera leo persica)*

SCHULTERHÖHE
Männchen 0,75 – 1,20 m

GEWICHT
Männchen bis 120 – 250 kg, Weibchen 120 – 185 kg

GESCHWINDIGKEIT
50 km/h

NAHRUNG
Fleisch, vom Hasen bis zum Büffel, manchmal sogar Fisch

FÜTTERUNG
15 Uhr im Tierpark außer freitags (Fastentag);

STATUS
Asiatischer Löwe stark gefährdet; Afrikanische Löwen gebietsweise gefährdet

BESTAND
Asiatischer Löwe 280 – 300 Tiere; Afrikanische Löwen 16.000 bis 30.000

ZUCHT
EEP* für den Asiatischen Löwen im Zoo Twycross, Großbritannien

* EEP Europäisches Erhaltungszuchtprogramm

?

Wusstest du schon,

dass der Begriff „Löwenanteil" auf die Fabel des Äsop zurückgeht? Der griechische Dichter erzählte um 550 vor Christus, wie ein Löwe nach gemeinsamer Jagd mit Esel und Fuchs die gesamte Beute für sich beanspruchte.

Seltene Inselaffen

Es ist Fastenzeit für die zwei Mongozmakis im Tierpark. Nur gründet ihre Diät nicht im Glauben, sondern dient der Gesundheit. „Sie waren zu fett, als sie herkamen“, sagt Affen-Kurator und Tierarzt Andreas Pauly. Benson brachte 3,5 Kilo auf die Waage, Lysiane so um die zwei. Das ist viel, das Idealgewicht der Tiere liegt ungefähr bei 1,2 bis 1,8 Kilo. Mongozmakis sind Affen, recht kleine allerdings. Sie werden nur 35 Zentimeter groß. Im Dezember 2009 hat Pauly die fast 15 Jahre alte Lysiane und Benson (13) aus verschiedenen Zoos erhalten. Vermittelt wurden sie von Kim Simmons, die im Zoo Linton in Großbritannien das Europäische Erhaltungszuchtprogramm führt und derzeit nur 49 Tiere gelistet hat.

Mit dem Umzug kam die Kur: 175 Gramm gekochtes Obst und Gemüse geben die Tierpfleger den Makis raus – das ist ‚all you can eat‘ im besten Sinne. Verschlankt auf zwei Kilo, schlackert Bensons Bauch inzwischen wie ein klatschnasses Handtuch im Wind. Das Fett schmilzt, das Gewebe ist ausgeleiert. „So locker wird die Haut bleiben“, sagt Pauly. Der Mann ist Tierarzt, kein Schönheitschirurg, er lässt das Skalpell ruhen und den Tieren ihre Würde – ähnlich wie der hoch gelobte amerikanische Maler Walton Ford. Fords „Bestiarium“ zeigt angekettete, sterbende und tafelnde Affen.

Bei der Kur der Makis im Tierpark geht es ums Überleben im doppelten Sinne. Die Individuen sollen gesund leben und für Nachkommen sorgen. „Denn der Bestand ist durch Jagd und Regenwaldabholzung bedroht", sagt Pauly.

Mongozmakis stammen aus Madagaskar. Sie sind genau wie Kattas oder Varis „echte Makis", auch Lemuren genannt. Ihr Verbreitungsgebiet im Nordwesten der afrikanischen Insel ist sehr klein. Sie kommen zudem auf den Komoren vor, auf Anjouan und Moheli, vermutlich weil sie dorthin von Menschen in Booten mitgenommen wurden. Ob Makis schwimmen können, ist nicht bekannt, aber unwahrscheinlich. Sie leben auf Bäumen und klettern prima, auch wegen ihres Schwanzes, der mit bis zu 48 Zentimetern länger ist als ihr Körper.

Männchen und Weibchen haben orangefarbene Augen und eine langgestreckte graue Schnauze. Ihr Fell ist verschieden gefärbt: Er trägt Kehle und Nacken auffallend rötlich, ihre Kehle wie auch die Wangen sind weißlich. Rücken und Bauch sind braun und grau.

Makis sind Halbaffen – aber so nenne man das heute nicht mehr, sagt Pauly. Es heißt nun Feuchtnasenprimaten – man kann sich denken, warum. Halber Affe erinnert an eine halbe Portion – was passt, weil Mongozmakis größenmäßig nur knapp an das weiße Kaninchen von Alice im Wunderland heranreichen.

Wusstest du schon,

dass Madagaskar nach Indonesien der flächenmäßig zweitgrößte Inselstaat der Welt ist. Seine Fläche beträgt 587.041 km^2. Indonesien ist mit 1,9 Millionen km^2 etwa vier Mal so groß. Zum Vergleich: Die Bundesrepublik Deutschland ist kleiner: Sie umfasst 357.112 km^2.

MONGOZMAKI

(Eulemur mongoz)

HERKUNFT
Madagaskar

GRÖSSE
35 cm,
Schwanz 48 cm

GEWICHT
bis 1,8 kg

NAHRUNG
Allesfresser, v. a. Blätter und Früchte, aber auch Eier, Insekten, Fleisch

STATUS
gefährdet

BESTAND
keine Zahlen vorliegend

ZUCHT
EEP* im Zoo Linton in Großbritannien

* EEP Europäisches Erhaltungszuchtprogramm

Besuch aus der Karibik

Wer wissen will, wie Seekühe kommunizieren, kann seinen Kopf unter Wasser halten. Harry-Potter-Fans haben die Lektion in Band 4 gelernt. Unsereins muss nicht in den Baderaum der Vertrauensschüler von Hogwarts fliegen, sondern in die Karibik. Denn im Tierpark sieht man es ungern, wenn Besucher zu Tieren ins Becken springen – außer sie zahlen einen nennenswerten dreistelligen Betrag für den Tauchgang. Tierpfleger Olaf Gräf, der regelmäßig im Manati-Becken taucht und sauber macht, ver-sichert, dass Menschen wirklich hören können, wie Nagel-Manatis tönen. Nur was sie reden, gilt es noch zu erforschen. Man kann vermuten, dass es Sätze sind wie: „Seemann, sauf nicht so viel, sonst hältst du mich wieder für 'ne Meerjungfrau!" oder „Die Schnecke im Motorboot geht mir auf den Rüssel!" Auch wenn Rundschwanz-Manatis keinen Rüssel haben, sind sie mit Elefanten verwandt. Wer ihre Flipper betrachtet, erkennt einen geplätteten Elefantenfuß: Reste von hornigen Nägeln, denen die Nagel-Manatis ihren Namen verdanken. Weil Bootsfahrer ihnen mit ihren Propellern oft den Rücken aufschrammen, gehen die Bestände gehen zurück. Die Weltnaturschutzunion (IUCN) führt den Nagel-Manati als gefährdet.

Im Tierpark lebt eine Zuchtgruppe mit zwei Bullen und drei Weibchen. Tierarzt Günter Strauss hat den Deckakt schon beobachtet. Dazu haben Humboldt und Columbus, Therese von Bayern, Lisa von Schmausenbruck und ihre Tochter Mia von der Kritz ganzjährig Gelegenheit. Die Tiere inklusive Namen stammen aus dem Zoo Nürnberg. Sie sind friedfertige Wesen, gleiten gemütlich durch die 200 Kubikmeter Wasser im Bassin im Elefantenhaus und lassen sich von Faxenmachern vor der Glaswand nicht aus der Ruhe bringen. Sie sehen schlecht. Ihr Fressen, das täglich um 12 Uhr ins Wasser geworfen wird, finden sie trotzdem. Salat und Gemüse stehen auf dem Speiseplan. Seekühe sind die einzigen Säugetiere, die im Wasser leben und sich nur von Pflanzen ernähren. Schilderwelse, Schwertträger und Guppys – die Fische wirken verloren neben den graugrünen Wuchtbrummen, die vier Meter lang werden und bis zu 1000 Kilo schwer. Sie können 20 Meter tief tauchen und werden bis zu 40 Jahre alt. Bekannt sind sie auch als „Sirenen“. Den Namen verdanken sie ihren Verwandten, den Dugongs, die beim Ausatmen ein pfeifendes Geräusch machen. Dugongs – Gabelschwanz-Seekühe – leben vor allem vor Australien. Früher gab es sie auch im Mittelmeer – wo Odysseus besagte Sirenen traf. Nagel-Manatis sangen dort nie. Trotzdem wissen sie Männer zu bezaubern, etwa Bernhard Blaszkiewitz. Der heutige Zoo- und Tierpark-Direktor hatte 1975 im Duisburger Zoo Seekühe gesehen. Und war angetan. 1991 plädierte er vor dem Aufsichtsrat des Zoos für den Bau einer Seekuh-Anlage. Doch das Interesse war verhalten – bis der damalige Zoo-Chef Hans Frädrich ein Foto der schwimmenden Pummel zeigte. Die Sirenen siegten.

KARIBIK-MANATI

oder Nagel-Manati
(Trichechus manatus)

HERKUNFT
Küste des Golfs von Mexiko und der Karibik, Atlantikküste Brasiliens und Venezuelas

GRÖSSE
bis 4 m lang

GEWICHT
bis 1.000 kg

NAHRUNG
Pflanzen; Seegras (Salzwasser), Grundnesseln (Süßwasser)

FÜTTERUNG
täglich um 12 Uhr

STATUS
gefährdet

BESTAND
weniger als 10.000 Exemplare

ZUCHT
EEP* im Tiergarten Nürnberg

* EEP Europäisches Erhaltungszuchtprogramm

?

Wusstest du schon,

dass Karibik-Manatis Einzelgänger sind? Nur gelegentlich kommen sie zum Fressen zusammen oder schwimmen gemeinsam umher. Selbst zur Paarungszeit wollen die Seekühe sich nicht binden. Aber die Bullen sind stärker.

Gespaltene Zunge

Fast alle Besucher im Schlangenhaus fragen nach der Schwarzen Mamba. Doch dann laufen die meisten achtlos an ihr vorbei. Das liegt daran, dass die Schlange nicht schwarz ist, sondern grau. Erst wenn sie ihr Maul aufreißt, wird einem schwarz vor Augen. Im doppelten Sinne: Der Mundgrund der Schwarzen Mamba ist schwarz gefärbt – und die Angst spielt mit. Das Tier ist die giftigste Schlange in Afrika und im Tierpark. Die Schwarze Mamba ist so tödlich, wie man das aus der Wohnwagenszene in Quentin Tarantinos Film „Kill Bill“ kennt. Doch kein Tod ohne Leben. Männchen und Weibchen kommen nur zur Paarungszeit zusammen – außer im Tierpark, da lebt ein Pärchen seit 2007 friedlich miteinander. Die Zeit zur Begattung kann das Männchen riechen, weil das Weibchen Hormone verströmt, die er mit der Zunge aufnimmt. Sie ist Geschmacks- und Geruchsorgan in einem – und gespalten. Deshalb ist es gut, dass Schlangen schweigen. Denn mit gespaltener Zunge zu sprechen heißt: lügen oder Widersprüchliches sagen. Die Mythologie ist uneindeutig. In der Bibel steht die Schlange fürs Böse. In der Antike galt sie als heilig, weil sie sich häutet und so ewiges Leben versinnbildlicht. Sie wurde zum Symbol für Mediziner und ziert den Äskulapstab, der über Apotheken prangt. Doch zurück zum Leben und Lieben. Ist der Akt vollzogen, trennen sich die Wege. Nach zwei bis drei Monaten legt das Weibchen Eier und überlässt sie sich selbst. Schlangen sind Kinder der Sonne, die für zwei bis drei Monate die Brutarbeit übernimmt. Mittels einer Spezial-Schuppe, „Ei-Zahn“ genannt, schneiden sich die Jungtiere aus den Eiern. Dann kriecht jedes seinen Weg. Zähne zum Beißen sind vorhanden. Bricht ein Giftzahn ab, stellt sich ein neuer auf.

Schwarze Mambas sind lang und schnell. Mit im Schnitt 2,7 Metern Länge kommen sie auf 20 Kilometer pro Stunde und zählen zu den schnellsten Schlangen. Um Tempo zu machen, richten sie ein Drittel ihres Vorderkörpers auf, so reibt weniger Haut am Boden. Bei dem Anblick fragt man sich: Wo beginnt das Hinterteil des Tieres? Die Antwort gibt Tierpark-Kurator Falk Dathe: Er fange „genau wie beim Rind am Becken an“. Das ist weit hinten, auf Höhe der Kloake, dem Ausscheidungs- und Sexualorgan.

Aufgerichtet sind die Tiere immer dann, wenn Grit Vogt im Spiel ist. Die Vizerevierchefin macht das Mamba-Becken dreimal wöchentlich sauber. Dazu teilt sie es mit einer Metallscheibe: Schlangen auf einer Seite, Grit Vogt auf der anderen. Vogt wechselt Wasser, wischt Speisereste und Ausscheidungen weg, pflegt die Begrünung. Währenddessen wummert es an der Scheibe. Das sind ihre Mambas – neugierig auf der Suche nach einem Loch in der Wand, um zu sehen, was Grit Vogt macht. „Da wird mir auch nach 24 Jahren Arbeit im Revier noch mulmig“, sagt sie. Schließlich gibt es Berichte von aggressiven Schwarzen Mambas, die Menschen „hinterhereilen“, wenn sie sich gestört fühlen. Die wollen sicher nicht spielen.

SCHWARZE MAMBA

(Dendroaspis polylepsis)

HERKUNFT
Süd- und Ostafrika südlich der Sahara, meistens am Boden anzutreffen: bewohnt das trockene Buschland des mittleren und südlichen Afrikas

LÄNGE
mit 2,20 bis 2,70 m, maximal 4,50 m die längste Giftschlange Afrikas

GIFT
ein Gemisch, das auf Nerven, Herz und Gewebe der Beute wirkt

GESCHWINDIGKEIT
bis zu 20 km/h, gehört zu den schnellsten Schlangen

NAHRUNG
Mäuse, Ratten, Hörnchen, Schliefer, Vögel

STATUS
nicht gefährdet

BESTAND
reichlich

?

Wusstest du schon,

dass eine Schwarze Mamba mit einem Biss bis zu 400 Milligramm Gift in die Wunde ihrer Beute spritzen kann? Dabei können bereits 15 bis 20 Milligramm bei einem Erwachsenen tödlich wirken.

Schwer auf Zack

Alfred Brehm hat vom Nashorn, das zu den Big-Five-Touristenattraktionen gehört, als dem wütendsten aller afrikanischen Tiere gesprochen. Das ist sogar in Zoo und Tierpark zu sehen. Im Zoo kann die alte 1974 geborene Nashorndame Kilaguni sehr schnell sehr gereizt sein. Dann dreht sich die tonnenschwere Kuh im Kreis, rennt auf das Gitter zu, hebt den Schwanz und schnaubt, und man bildet sich ein, dass ihre Äuglein rot glühen. Nashörner sind kurzsichtig und weil ihre Augen an der Seite liegen, sehen sie nie, wer vor ihnen steht. Ist da was, machen sie einen Satz nach vorn.

Die Tiere bringen es bei 1600 Kilo Gewicht auf eine Geschwindigkeit von bis zu 50 Stundenkilometern. Safari-Regel Nr. 1: Reize kein Nashorn, es gewinnt jeden Sprint, und es hat ein Horn. Es ist eigentlich ein Doppelhorn. Ein anderes Doppelhorn spielt Zoo-Tierarzt Andreas Ochs. Es ist aus Messing. Das Tierhorn besteht wie Haare aus Keratin. Es wächst nicht über einem Knochenzapfen, sondern wird von speziellen Hautzellen an der Aufsatzstelle gebildet.

Die Nase beim Nashorn ist riesig. Das Volumen der Riechzellen soll um ein Vielfaches größer sein, als das der Gehirnzellen. Nashörner sind einfältig. Ihre Tendenz zur Dummheit entsteht durch fehlende Herausforderungen, wie Tierarzt Ochs erklärt. „Nashörner haben keine natürlichen Feinde. Als Einzelgänger haben sie keine Sozialstruktur. Sie müssen gar nicht schlau sein.“

Der Zoo führt seit 1966 das Internationale Zuchtbuch für Spitzmaulnashörner. In einem solchen Zuchtbuch werden weltweit Tiere registriert. Im Zoo erhält der 1991 geborene Bulle Jasper zum Beispiel wertvolles Luzerneheu, tägliche UV-Bestrahlung und wird mit Paraffinöl eingecremt, damit die Haut geschmeidig bleibt.

Der Zoo ist berühmt für die Reproduktion der Spitzmaulnashörner. Seit 1981 kamen hier 17 Jungtiere zur Welt. Der Bestand im Süden Afrikas soll nur noch 4000 Exemplare umfassen. Sie sind vom Aussterben bedroht, wie das Panzernashorn, auch „Einhörniges Nashorn“ genannt. Von ihnen sollen noch 2500 Exemplare in Asien leben. Im Tierpark kamen bereits neun Jungtiere zur Welt.

Gefahr droht ihnen durch die Trockenlegung von Sümpfen. Und wie der WWF anprangert, zu dessen sieben Leitartengruppen Nashörner gehören, stellen Wilderer dem Tier nach. Im Jemen gilt ein Dolchfgriff aus Horn als Statussymbol. 30.000 bis 100.000 Dollar Gewinn soll in China ein Horn einbringen. Dort wird es in der Medizin benutzt. Der Aberglaube der Potenzsteigerung rührt daher, dass Nashörner im Liebesakt bis zu einer Stunde miteinander verschmelzen, sagt Tierpark-Tierarzt Günter Strauss. Zuvor jagt der Nashorn-Mann die Nashorn-Frau stundenlang über den Hof – und sie ihn. Aber erst, nachdem sie fiepend wie ein Teekessel das Signal gegeben hat, das ihre Hormone in Wallung sind.

? Wusstest du schon,

dass Nashornbabys nach der Geburt eine Delle im Gesicht haben? Sie rundet sich innerhalb von Monaten zu einer Platte auf, durch die dann das Horn stößt und ein Leben lang wächst.

SPITZMAULNASHORN

(Diceros bicornis)

HERKUNFT
afrikanische Savanne, u. a. Simbabwe, Tansania, Kamerun

SCHULTERHÖHE
1,60 m

GEWICHT
bis 1.600 kg

GESCHWINDIGKEIT
40 bis 50 km/h

NAHRUNG
pflanzlich

STATUS
vom Aussterben bedroht

BESTAND
4.000 Tiere

ZUCHT
EEP* im Zoo Chester, Großbritannien, Internationales Zuchtbuch im Zoo Berlin

* EEP Europäisches Erhaltungszuchtprogramm

Giraffe, Zebra, oder Pferd?

Was für ein Hintern! Der Po mit den braunen Streifen auf weißem Grund ist das vielleicht Schönste an den Tieren. In jedem Fall einmalig, macht er sie unverwechselbar. Als man Zootieren noch keine Chips unters Fell spritzte, um sie identifizieren zu können, wurden auf die Zuchtbuchkarten der Okapis Fotos vom Po geklebt – als Passbild oder Fingerabdruck. Denn kein Okapi trägt seine Streifen wie das andere. Im Ganzen sehen Okapis aus wie Pferde. Sie sind aber Giraffen in klein – mit kürzeren Beinen, kürzerem Hals und mit rauer Zunge. Mit der kommen sie hinter die eigenen Ohren und lecken sich Parasiten aus dem Gesicht.

Okapis sind Urwaldbewohner. Es leben wohl nicht mehr viele von ihnen in freier Wildbahn. Der Wald wird abgeholzt, der natürliche Lebensraum schrumpft. Wirtschaftsinteressen und Politik haben verheerende Folgen für die Tiere. Okapis stammen aus den Tiefen des Kongo, einem krisengeschüttelten Land. Die Lage ist instabil, vor wenigen Jahren wurden Okapis und Ranger in der Aufzuchtstation in Epulu getötet. Die Station wurde neu aufgebaut. Dafür gibt der Zoo Geld, jährlich 4.000 Euro. Zoo wie Tierpark Berlin unterstützen Artenschutzprojekte vor Ort, sei es in Vietnam (Languren) oder Marokko (Waldrapp), auf Madagaskar (Blauaugen-Ibisse) oder Borneo (Orang-Utan) und in der Schweiz (Bartgeier). „Was wir hier haben, ist geradezu exquisit“, sagt Tobias Rahde. Der Zoo-Kurator steht im „Erdhaus“ in einem Stall und tätschelt Steves schlanken Hals. Der 2007 Geborene lebt seit Januar 2011 in Berlin und soll mit Weibchen Batouri für Nachwuchs sorgen. Okapis haben mit 15 Monaten eine extrem lange Tragzeit. Im Berliner Zoo gelang es seit 1964 bereits mehrfach, diese seltenen Tiere nachzuzüchten. Sämtliche Berliner Okapis gehören zum Europäischen Erhaltungszuchtprogramm. Die Kriterien sind streng: Welches Okapi wohin kommt und mit welchem gekreuzt wird, regelt der Zoo Antwerpen, damit im Genpool viele Informationen erhalten bleiben.

Rund um das Okapi rätseln Wissenschaftler, Doktoranden und Diplomanden. Sie haben nahrungsphysiologische Studien erstellt und das Fressverhalten beschrieben. So kam heraus: Okapis sind Dauerfresser, ihre Zunge ist ständig auf der Suche nach Futter. Forschung in Zoos ist wichtig, weil in Afrika kaum Geld für Langzeitstudien zur Verfügung steht.

Und Forschung vor Ort ist schwierig, auch weil Okapis sehr scheu sind. Den Pygmäen waren sie zwar schon immer bekannt – die Ureinwohner des Waldes haben sie mit Fallgruben gefangen und gegessen. Weiße Großwildjäger ergatterten erst 1909 ein lebendes Exemplar. Wissenschaftler haben das Okapi spät entdeckt. Noch 1901 hatte Philip Lutley Sclater die Kurzhalsgiraffen für Waldzebras gehalten. Kein Wunder, bei dem Hintern..

OKAPI

(Okapia johnstoni)

HERKUNFT
Demokratische Republik Kongo, Regenwälder, v. a. Wildtierreservat im Ituri-Wald

GRÖSSE
von Kopf bis Rumpf 2–2,50 m, Schulterhöhe rund 1,50 m; Weibchen sind meist etwas größer

GEWICHT
im Schnitt 200 bis 250 kg, die Berlinerin Batouri bringt allerdings 315 kg auf die Waage

NAHRUNG
Blätter, auch Gras, Farne, Pilze und Früchte

STATUS
vom Aussterben bedroht

BESTAND
keine zuverlässigen Angaben

ZUCHT
EEP* im Zoo Antwerpen, Weltweit 162 Exemplare in 44 Institutionen, 53 davon in Europa (Stand 2011)

* EEP Europäisches Erhaltungszuchtprogramm

?

Wusstest du schon,

dass bunt gefärbte Hintern den Jungtieren ein Signal geben? So können sie immer ihren Eltern folgen, wenn sie auf der Flucht sind.

King Louie

Sie klettert auf den Boden, verdeckt ihre Augen, zieht sie zu Schlitzen und reißt ihr Maul auf. Bini will sich schminken – das hat der Orang-Utan bei Marion Opitz gelernt, der Frau des verstorbenen Obertierpflegers Reimon Opitz. Das Paar hatte immer wieder Menschenaffen von Hand aufgezogen und mit ihnen in einer Drei-Zimmer-Wohnung über dem Affenhaus im Zoo gelebt. Die 1980 geborene Orang-Utan-Dame Bini ist längst ein Stockwerk tiefer zu einem Artgenossen abgewandert – zu Mano. Er ist 1977 geboren und der älteste der Sumatra-Orang-Utans im Zoo. Das malaiische ‚orang (h)utan' bedeutet „Mensch des Waldes" – die Art ist auf Sumatra vom Aussterben bedroht und auf Borneo stark gefährdet. Den Kampf für das Tier hat der Niederländer Willie Smits mit seiner Borneo Orangutan Survival Foundation (BOS) aufgenommen.

Der Zoo Berlin spendet moralische und praktische Unterstützung. Die Tierpfleger Ruben Gralki und Christian Aust waren bereits vor Ort. Auf Borneo gelten Orang-Utans als Prestigeobjekt, viele Familien halten die niedlich aussehenden Tiere im Haus. „Aber sobald Orang-Utans in die Pubertät kommen, kann sie keiner mehr bändigen", sagt Gralki. Deshalb werden sie in Kellern angepflockt – oder gleich erschossen.

„BOS konfisziert illegal gehaltene Tiere und wildert sie wieder aus. Das ist ein jahrelanger Prozess", erklärt Christian Aust. Vom Sofa zurück auf den

Baum. Um die begehrten Babys zu ergattern, müssen die Wilderer die Mütter von den Bäumen schießen. Selbst wenn die Jungtiere den Sturz überleben, gehen viele später an falscher Ernährung oder Misshandlung zugrunde.

In BOS-Rehabilitationsstationen kommen die Geretteten zuerst in Quarantäne und danach erstmals mit Artgenossen zusammen. Es folgen Ausflüge ins Freie. „Die Affen müssen lernen, sich auf Ästen zu bewegen – welcher sie trägt, welcher nicht“, sagt Gralki, der mit Aust einen Lerntripp in den Dschungel begleitet hat. Bis zur Auswilderung muss jedes Tier klettern und Schlafnester bauen können sowie Hunderte Pflanzenarten kennen. Orang-Utans sind Baumbewohner, sie haben eine Armspanne von bis zu 2,5 Metern. Nur vor Wilderern werden die Tiere sich nie schützen können. Um die Art zu erhalten, beteiligen sich 68 europäische Tierparks an einem Erhaltungszuchtprogramm (EEP). Ende 2009 hat Koordinator Clemens Becker vom Zoo Karlsruhe 331 Orang-Utans registriert. Zoo-Tierarzt André Schüle hatte das EEP-Komitee 2010 auf den Sohn von Mano und Bini aufmerksam gemacht in der Hoffnung auf baldige Vermittlung in einen anderen Zoo. Denn im Alter von sechs Jahren wurde der Jungspund aufmüpfig. Er spuckte seinen Vater an – was er mit den Tierpflegern auch macht, wenn er sauer ist. Einnehmend ist dagegen Orang-Utan Louie, der in Walt Disneys Verfilmung von Rudyard Kiplings Dschungelbuch „I wanna be like you“ singt.

ORANG-UTAN

(Pongo)

HERKUNFT
die südostasiatischen Inseln Borneo (Pongo pygmaeus) und Sumatra (Pongo abelii)

GRÖSSE
von Kopf bis Rumpf bis zu 1,50 m

GEWICHT
Männchen mit bis zu 90 kg fast doppelt so schwer wie Weibchen; Tiere in Menschenobhut werden deutlich schwerer

NAHRUNG
Pflanzen, aber auch Insekten und Vogeleier

FÜTTERUNGSZEIT
13.30 Uhr

STATUS
vom Aussterben bedroht und stark gefährdet

BESTAND
bis 7.000 Sumatra-Orang-Utans, 15.000 bis 40.000 Borneo-Orang-Utans

ZUCHT
EEP* im Zoo Karlsruhe, Internationales Zuchtbuch im Zoo Minnesota, USA

* EEP Europäisches Erhaltungszuchtprogramm

Wusstest du schon, ?

dass Orang-Utan-Babys sehr lange bei ihren Müttern bleiben? Ein Neugeborenes klammert sich ständig an seiner Mutter fest. Bis zum Alter von zwei Jahren wird es bei Streifzügen getragen. Danach lernt es selbst zu klettern und ein Nest zu bauen. Erst ab dem 4. bis 5. Lebensjahr ist es entwöhnt, also selbstständig.

Der Bambus-Bär

Rinder tragen es auf dem Kopf, Große Pandabären kleiden ihre Speiseröhre damit aus: Horn. Das ist reiner Schutz. Denn der in China beheimatete Bär ernährt sich von Bambus. Die Fasern sind spitz und scharf. 20 bis 30 Kilo sollen es pro Tag sein, heißt es beim WWF – die Tierschutzorganisation führt das Tier als Logo.
Den Rohstoff baut Zoo-Kurator Heiner Klös nicht im Garten an, sondern er ordert ihn bei Bambus-Farmen in den Niederlanden. Mit dem Zerkauen des harten Materials ist Bao Bao bis zu 14 Stunden beschäftigt. Gelegentlich gibt es auch Reis und Gemüse.

Nur einmal im Jahr treffen Männer auf Frauen und paaren sich. Selbst das bisschen Aktivität fällt bei Bao Bao flach. Der Witwer hat zwei Gefährtinnen überlebt: Tjen-Tjen – starb 1984 – sowie Yan Yan – sie erlag 2007 einer Darmverstopfung. Vater wurde er nie. Als Bao Bao 1991 im Londoner Exil lebte und eine Pandabärin begatten sollte, biss er Ming Ming ein Ohr ab – ohne Kung Fu. Das beherrschen nur Zeichentrick-Pandas.

Bao Bao wurde 1978 geboren und lebt seit 1980 im Zoo Berlin. Er ist der dienstälteste Zoo-Panda weltweit. Übersetzt heißt sein Name Schätzchen. Das kam der Firma Swarovski zu Ohren. Der Kristallschmuckhersteller wurde im Juni 2008 Panda-Pate. So ein Verhältnis kostet Geld, Swarovski hatte einen Scheck in Höhe von 10.000 Euro ausgestellt.

Dieselbe Summe in Dollars bringt der Pelz des erst 1869 entdeckten Bären üblicherweise auf dem Schwarzmarkt. In China steht auf Wilderei die Todesstrafe, und die Abholzung der Bambuswälder wurde 1998 gestoppt. Dennoch gibt es nur wenige tausend Tiere. In dem Maße, in dem Chinas Bevölkerung wächst, schrumpft der Lebensraum der Pandas. Die Tiere stecken sich gegenseitig mit Krankheiten und Parasiten an, darunter ist neuerdings ein Wurm, der Blutungen in Leber, Lunge und Darm auslöst. Die hat Bao Bao nicht – aber sechs Finger. Mit einem verlängerten Handwurzelknochen kann er um Bambusstangen greifen. Solch einen Daumen haben alle Menschen, aber kein einziger anderer Bär – nicht mal Knut.

So weiß wie Knut ist Bao Bao auch. Theoretisch. Nur an Beinen und Armen nicht, sie sind wie Augen und Ohren schwarz. Einer chinesischen Legende zufolge soll die Färbung wegen eines verstorbenen Kindes entstanden sein. Die Pandas hatten sich zur Trauer Pfoten und Schultern schwarz gefärbt. Als sie weinten, trockneten sie die Tränen mit ihren Pfoten und senkten die Köpfe zum Boden. Augen, Nasen und Ohren wurden schwarz. Herzerweichend! Nüchtern die Wissenschaft, die diverse Theorien zu Tarnung, Abschreckung und Wärmeregulation entwickelt hat. In rot gibt es ihn übrigens im Tierpark zu sehen: Dort lebt der Kleine Panda.

Das schwarz-weiße Tier macht derweil: nichts. Bao Bao verschläft dickfällig die meiste Zeit. Bis eine endgültige Antwort vorliegt, ist der Bär überall los. Nur nicht in seinem Gehege.

GROSSER PANDA

(Ailuropoda melanoleuca)

HERKUNFT
im Südwesten Chinas in sechs Bergregionen

GRÖSSE
Kopf und Rumpf 1,20 bis 1,50 m, Schwanz 12 cm

GEWICHT
75 bis 160 kg

NAHRUNG
v. a. Bambus, auch Geflügel

STATUS
stark gefährdet

BESTAND
1.600–3.000 Tiere

ZUCHT
innerhalb Chinas

BEACHTE
den massigen Kopf! Pandas sind ausgeprägte Pflanzenfresser, sie haben stärkere Kaumuskeln als andere Bären und verlängerte Jochbeinbögen.

Wusstest du schon, ?

dass neugeborene Pandas winzig sind? Sie wiegen 90 bis 130 Gramm. Kommen mehrere gleichzeitig zur Welt, entscheidet sich die Mutter kurz nach der Geburt für nur ein Jungtier und verstößt die anderen.

Federleicht

Berlin dürfte der einzige Ort in Europa sein, wo alle Pelikanarten leben und teilweise schon in der vierten Generation gezüchtet werden. Im Tierpark sind mehr als 50 Rosa- und Krauskopfpelikane, Rotrücken- und Fleckschnabel- und Brillenpelikane, Chilepelikane und seit Ende 2010 auch Nashornpelikane zu sehen. Man kann sie sogar anfassen. Ab Frühsommer watscheln Vertreter aller Arten frei am Schloss Friedrichsfelde herum und nehmen Kontakt zu den Besuchern auf. „Sie versuchen mit ihrem Schnabel an Taschen und Schnürsenkel zu ziehen. Vor allem die neugierigen Jung-tiere interessieren sich für alles, was blinkt", erklärt Tierpark-Kurator Martin Kaiser. Es könnte ein Fisch sein, das Hauptnahrungsmittel der Vögel. Viele Besucher lassen sich begeistert mit ihren gefiederten Freunden fotografieren. Im Winter sind die Tiere in ihrer Brutkolonie in einem eigenen Gebäude zu beäugen.

Das Besondere: Pelikane brüten ihre Eier mit den Füßen aus – die Zehen und Schwimmhäute sind sehr stark durchblutet. Die Brutzeit beträgt rund einen Monat. Wenn die Eltern ihren Nachwuchs nicht aufziehen, übernehmen das die Tierpfleger. Sie müssen die vor Hunger brummenden Nesthocker, die nackt und blind auf die Welt kommen, in der ersten Lebenswoche rund sechs Mal täglich füttern. Rund drei Monate später werden die Vögel flügge.

Am auffälligsten sind die Brillenpelikane, die in Europa selten gehalten und nur im Tierpark und im Zoo Berlin sowie im Vogelpark Walsrode gezüchtet werden. Ihr Gefieder ist schwarz-weiß gefärbt, um die Augen tragen sie blassgelbe Ringe, die sich zur Brutzeit gelborange färben.

Hervorstechend ist der Schnabel. Der Oberschnabel liegt wie ein flacher Deckel auf dem Unterschnabel, der aus zwei Knochenspangen besteht. Die Haut dazwischen ist so dehnbar, dass Pelikane, die gerne in Gruppen jagen, Fische aus dem Wasser käschern können.

Alle Pelikane sind sehr leicht gebaut, sie wiegen maximal 15 Kilo, und schwimmen wie Korken auf dem Wasser. „Ihre Knochen sind leicht, und sie tragen Unterhautpolster aus Luft. Es knistert, wenn man sie anfasst“, sagt Kaiser.

Ihre Leichtigkeit macht die in Kolonien lebenden Tiere zu guten Segelfliegern. Sie können damit auch weiter entfernte Nahrungsgründe bejagen.

Pelikane leben auf allen Kontinenten außer der Antarktis. Sie sind nicht geschützt – bis auf den Größten, den Krauskopfpelikan. Er steht in Anhang I von Cites – dieses Washingtoner Artenschutzabkommen reglementiert den Handel von Tieren. Denn von dieser Art leben nur noch 4.000–5.000 Brutpaare. Ihr Verbreitungsgebiet erstreckt sich vom Donaudelta bis zur Mongolei und Südrussland.

Im Zoo leben ebenfalls Rosa-, Rötel- und Brillenpelikane; und die Krauskopfpelikane sind sogar im Winter auf dem Teich zu sehen.

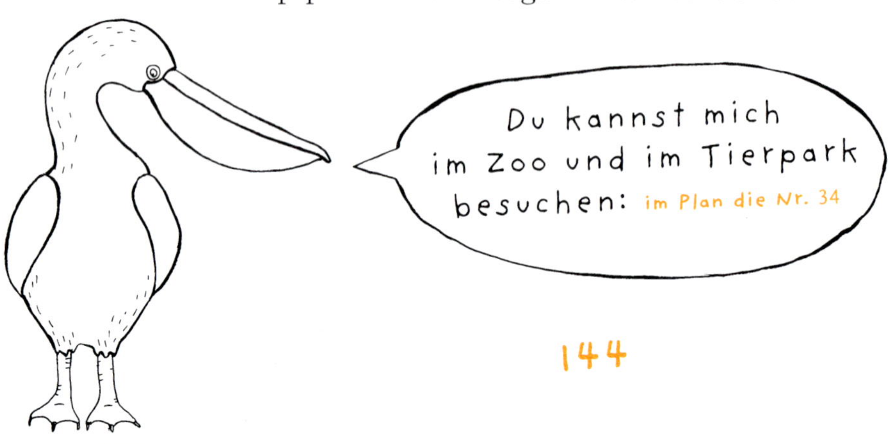

BRILLEN-PELIKAN

(Pelecanus conspicillatus)

HERKUNFT
Australien, Tasmanien, Neuseeland

GRÖSSE
160 cm

GEWICHT
7 kg

FLÜGELSPANNWEITE
bis 2,50 m

BRUTZEIT
34 Tage, die längeste Brutzeit aller Pelikane

NAHRUNG
Fische

STATUS
nicht gefährdet

?

Wusstest du schon,

dass der Nashornpelikan zur Brutzeit ein namensgebendes Horn auf dem Oberschnabel trägt? Es fällt im Sommer meist wieder ab.

Total niedlich?

Auf der Pinguin-Anlage passiert nichts – obwohl dort 26 Brillenpinguine rumstehen. Starr. Stur. Still. Nur ein Besucher lacht.

Einer der Vögel hebt ein Bein. Er will ins Wasser. Eine Kriegserklärung ist das. Rechts holt ein Pinguin zum Schlag aus. Links fängt einer an zu schreien. Ein Dritter hackt mit dem Schnabel auf den Störenfried ein. „Pinguine verteidigen ihr Revier“, sagt Dieter Petersen. Er weiß es, er ist der Reviertierpfleger. Ein Pinguin grenzt sich millimetergenau ab. Menschen hacken sich selten tot. Pinguine schon.

Pinguine sehen gar nicht brutal aus. Einen halben Meter groß, maximal drei Kilo schwer, putzig mit rotem Zierrand um die Augen – der „Brille“ – und schwarzem Streifen unterm Kinn.

Pinguine sind cool. Das weiß jeder, der „Madagaskar“ gesehen hat. In dem Animationsfilm überreden die Pinguine Skipper, Private, Kowalski und Rico andere Zootiere zu einem Ausbruch, finden die Antarktis aber kalt und langweilig. Pinguinflügel sind zu Flossen umgebildet, die kurzen Beine mit Schwimmhäuten ausgestattet. Heimat der Brillenpinguine sind die Küsten Namibias und Südafrikas, ihre Feinde Wale und Haie. Menschen haben früher ihre Eier gegessen, heute fangen sie ihnen die Fische weg; Öltankerhavarien haben den Bestand auf 25.000 Exemplare, wenn nicht sogar 10.000 Brutpaare dezimiert.

In Berlin eilen Tierpfleger zu Hilfe, wenn ein Besucher ein Tier auf dem Gehweg ausgesetzt hat. Weiter als 30 Meter, so berichtet Kurator Heiner Klös, sei aber noch keiner gewatschelt.

Was die Jungtiere im Zoo lernen müssen, ist: Fressen. „Ihre Eltern bringen ihnen nicht bei, was ein Fisch ist", sagt Petersen. Er zieht den Nachwuchs ab einem Alter von vier Wochen von Hand auf.

Die Kolonie besteht aus echten Berlinern. 24 sind im Zoo geschlüpft.

Im Tierpark leben 14 Brillenpinguine und 35 Humboldtpinguine. Letztere haben regelmäßig Nachwuchs. Bei den Brillenpinguinen ist das anders, denn die Kolonie besteht fast nur aus Männern.

Im Zoo betreut Petersen auch die Felsen- und Königspinguine, für die Anfang des neuen Jahrtausends ein eigenes Haus gebaut wurde. Darin fällt selbst im Sommer Schnee. Die Pinguinarten stammen aus subantarktischen Regionen. Königspinguine sind – nach den Kaiserpinguinen – mit fast einem Meter Höhe die zweitgrößten ihrer Art. Felsenpinguine zählen mit einem halben Meter zu den kleinsten Pinguinen.

Pinguin Ping kann sogar sprechen: Er hat das Wort „Mupfel" für Muschel geprägt. Ping lebt in Max Kruses Kinderbuch „Urmel aus dem Eis" Er ist total niedlich. Er ist eben nicht echt.

BRILLEN-PINGUIN

(Spheniscus demersus)

HERKUNFT
Inseln und Küste Südafrikas und Namibias, nördlich bis Gabun gesichtet

GRÖSSE
um die 60 cm

GEWICHT
2,50 bis 3 kg

GESCHWINDIGKEIT
beim Fischen 7–9 km/h,
die Spitze liegt bei 20 km/h

NAHRUNG
Fisch (Sardine, Sardelle, außerdem Tintenfische und Garnelen)

STATUS
stark gefährdet

BESTAND
10.000–25.000 Brutpaare

ZUCHT
EEP* im Zoo
Amsterdam, Holland

* EEP Europäisches Erhaltungszuchtprogramm

Wusstest du schon, ?

dass junge Brillenpinguine sehr umtriebig sind? Sie können an einem Tag 30 Kilometer zurücklegen und streifen die südwestafrikanische Küste entlang. Erst im Alter von etwa zwei Jahren werden sie sesshaft. Fliegen aber können Pinguine ihr Leben lang nicht. Ihre Flügel sind zu Flossen umgestaltet.

Täglich grüßt das Murmeltier

Präriehunde sind effizient. Aus einem Haufen Erde bauen die kurzbeinigen, bellenden Nagetiere eine ganze Stadt. Präriehunde leben in Verbänden, die wiederum Kolonien bilden. Bevor die Menschen ihnen mit Gift zu Leibe rückten, soll es rund eine Milliarde Schwarzschwanz-Präriehunde gegeben haben. Heute, sagt Kurator Florian Sicks vom Berliner Tierpark, seien es nur noch 18 Millionen, die noch zwei Prozent ihres früheren Verbreitungsbietes bewohnen.

Sie sind sehr sozial – bis auf die Muttertiere: Die Weibchen kämpfen gegen ihre Geschlechtsgenossinnen und beißen deren Nachwuchs unter Tage tot. Nur die Brut der Stärksten überlebt. Solch martialisches Gebaren wurde im Tierpark noch nicht beobachtet. Wie auch? Die Tiere verkriechen sich zum Sterben in den Bau. In die bis zu drei Meter tiefen und faustdicken Gänge, folgt ihnen kein Tierpfleger. Etwa dreißig Präriehunde leben im Tierpark – die genaue Zahl weiß wegen der Art des Abgangs keiner.

Nachwuchs gibt es jedes Jahr, den die Tierpfleger oberirdisch zählen. Das Geburtsdatum ist unbekannt. „Die Paarung erfolgt nach dem Winterschlaf, etwa im März“, sagt Sicks, „und einen Monat später kommen die ersten Jungtiere zur Welt.“ Das geschieht heimlich, im Dunkeln, unter der Erde. Und unter Tage wachsen die Jungtiere einige Wochen lang auf, bis ihre Mütter sie nach oben ans Licht lassen.

Wer gucken kommt, sieht und hört viel. Denn **Erdhörnchen**, zu denen die Präriehunde zählen, sind geschwätzig. Sie zwitschern, sie knurren, sie bellen, sie klappern mit den Zähnen, sie pfeifen und sie werfen ihre Vorderpfoten zur Warnung vor Feinden hoch in die Luft wie Stadionbesucher zur La-Ola-Welle.

Präriehunde lockern die Erde auf. Zum (Un-)Dank werden sie von Ureinwohnern verspeist. Heutzutage werden sie auch als Labortiere eingesetzt. Sie sind verwandt mit den europäischen Murmeltieren, werden aber oft mit afrikanischen Erdmännchen verwechselt. Zu Recht. Sie sind genauso unterhaltsam – wenngleich billiger im Unterhalt: Sie fressen Gras statt Fleisch, sind Kälte gewohnt und tagsüber aktiv.

Erdmännchen und Murmeltiere sind im Zoo Berlin zu sehen: Erdmännchen im Raubtierhaus, Murmeltiere im Freien – so sie wach sind. Denn **Murmeltiere** rollen sich ab November ein und schlafen, bis die Sonne wieder scheint. Mit dem Ende des **Winterschlafs** ist ein Ritual verbunden, das viele aus dem Kinofilm „Und täglich grüßt das Murmeltier“ kennen. Dort spielt das Murmeltier Phil die heimliche Hauptrolle. Wirft er am 2. Februar beim ersten Ausblick aus seinem Bau einen Schatten, bleibt sechs Wochen harter Winter. Kein Schatten: Frühlingsbeginn. „Diesen Werbegag können wir nicht machen“, sagt Zoo-Tierarzt André Schüle. Denn die Berliner Murmels schlafen an diesem Tag noch tief und fest. Hauptstädter können sehr lässig sein.

SCHWARZSCHWANZ-PRAERIEHUND

(Cynomys ludovicianus)

HERKUNFT
Nordamerika; Bewohner der Prärie, also von ausgedehnten Grasländern

GRÖSSE
von Kopf bis Rumpf bis zu 30 cm; der Schwanz misst zusätzlich etwa bis 11 cm.

GEWICHT
bis zu 1,5 kg

NAHRUNG
pflanzlich, Gras, Disteln, Kakteen, Wurzeln, Zwiebeln

STATUS
nicht gefährdet

BESTAND
etwa 18 Millionen Tiere.

Wusstest du schon, ?

dass Präriehunde Nordamerikaner sind? Anfang des 20. Jahrhunderts gab es so viele von ihnen – die Zahl fünf Milliarden kursiert –, dass die US-Regierung zur Ausrottung aufrief. Das ist durch Gift fast gelungen. Zwei der fünf Präriehund-Arten gelten als stark gefährdet.

Umwickelt

Vorneweg gesagt: Es heißt *eine* Schlange, aber *der* Python. Und das eine ist das andere. Manche eignen sich für Bauchtanz. So wie Elli. Der Dunkle Tigerpython stammt aus dem Hamburger Zoo Hagenbeck und lebt seit Jahren im Aquarium Berlin. „Elli war die Vorführschlange für Dschungelnächte", erklärt Vizerevierchef Ronny Keßner. In Berlin legt sich niemand die Riesenschlange um die Hüften. Das hat mit Würde zu tun. Denn Elli ist 30 Jahre alt. Weich und glatt und warm. Groß, aber senil, wie ihre Pfleger sagen. „Sie wackelt mit dem Kopf wie ein Kunstdackel auf der Ablage eines Autos", sagt Keßner. Er meint das nett, schließlich hat er sich an seine Reptilien gewöhnt. „Die Bindung ist da. Man leidet mit, wenn eines sich erkältet." Überhaupt, würde man den tauben Tieren sonst Rufnamen geben? So macht das Keßners Kollege Thomas Warkentin. Er hat vor fünf Jahren von seinem früheren Arbeitsplatz, dem Allwetterzoo Münster, den Tigerpython Gladis mit nach Berlin gebracht.

Elli und Gladis teilen sich ihr Terrarium mit Elmar und einem namenlosen Artgenossen. Warkentin vergibt nur Frauennamen – Elmar hieß früher mal Elke, bis der Irrtum bemerkt wurde. Schlangen sieht man ihr Geschlecht so schlecht an, die Männchen tragen ihr paariges Begattungsorgan in einer Tasche. Hinter den Kulissen lebt Ellis Tochter Saskia. „Wir züchten regelmäßig und geben Jungtiere ab. Saskia behalten wir als

Ersatz, wenn Elli stirbt", sagt Keßner. Im Jahre 2009 frisch geschlüpft, war Saskia so dick wie ein Daumen und kam auf einen halben Meter Länge. Nach einem Jahr waren es 1,50 Meter, bei einem Gewicht von 5,2 Kilogramm. Keßner füttert sie sonntags mit zwei Ratten. „Sie muss noch wachsen." Saskia und Konsorten sind weder witzig noch giftig wie die britische Komikertruppe Monty Python, sondern auf ihre Art friedlich. Die Masse macht's. Ungefähr bis zu sechs Meter lang werden Tigerpythons und 40 Kilo schwer. Sie gehören zu den größten Würgeschlangen. Ihr Magen ist dehnbar und lang, die Rippen sind ohne Brustbein sehr beweglich. Das Würgen dauert Minuten, das Verschlingen Stunden, das Verdauen Tage. Vor Jahrzehnten soll ein Dunkler Tigerpython im Tierpark Berlin sogar 23 Tage gebraucht hat, um ein 25 Kilo schweres Schwein zu verdauen.

In freier Wildbahn würde Saskia noch auf Bäumen herumschlängeln; ältere Pythons bevorzugen bodennahe Standorte wie Höhlen unter Baumstämmen. Begehrt ist ihre Haut, sie wird immer noch zu Schuhen und Handtäschchen verarbeitet. Mancherorts wird das Fleisch gegessen. In Berlin ist ihre Haltung in Privathaushalten mit Ausnahmegenehmigung erlaubt.

DUNKLER TIGERPYTHON

(Python molurus bivittatus)

HERKUNFT
Der Dunkle Tigerpython stammt aus den Tropen und Subtropen Süd- und Südostasiens.

GRÖSSE
mehr als 5 m, zählt zu den größten Schlangen der Welt; Weibchen werden meist größer und schwerer als Männchen.

NAHRUNG
vom Frosch bis zum Affen

STATUS
im Washingtoner Artenschutzabkommen gelistet, also im Handel beschränkt

BESTAND
unbekannt

BEACHTE
die Zunge! Sie ist blau-schwarz gefärbt.

Wusstest du schon, ?

dass angehende Tigerpython-Mütter nach der Eiablage ihrem Gelege die Treue halten? „Sie wickeln sich so dicht darum, dass wir manchmal gar kein Ei zu sehen bekommen", sagt Ronny Keßner aus dem Aquarium. Durch Muskelkontraktion können sie Wärme abgeben, die Temperatur am Ei steigt dann um ein bis zwei Grad. 70 Tage später schlüpfen die Tiere. Dann schlängelt jeder allein seiner Wege.

Urgestein der Weltmeere

Sie bevölkern seit einer halben Milliarde Jahre die Weltmeere. Ihre Bewegungen muten majestätisch an. Doch Schlagzeilen machen sie als Killer. So hat ein Schwarm roter Leuchtquallen innerhalb von zwei Tagen mehr als eine Viertelmillion Lachse auf irischen Fischfarmen getötet. Die Strömung hatte die Quallen in die Käfige getrieben. Quallen fressen Fische – und sogar andere Quallen. Malaienquallen zum Beispiel greifen mit ihren Tentakeln nach Ohrenquallen. Die sind zwar doppelt so groß, haben aber das schwächere Gift. Auch Schildkröten und Fische schnappen zu.

Und Menschen. Quallensalat steht auf der Speisekarte einiger asiatischer Restaurants.

Woher diese Quallen nicht stammen, ist klar: aus dem Berliner Aquarium. „Wir kultivieren nur für unser Haus und für befreundete Wissenschaftler“, sagt Kurator Rainer Kaiser. Dazu gehören die Uni Hamburg, Aquarien in den USA, Japan, Spanien (Valencia) und Portugal (Lissabon). Sie alle nehmen am Zuchtprogramm der Union Europäischer Aquarien-Kuratoren teil.

Quallen bestehen bis zu 99 Prozent aus Wasser – leicht ist der Umgang mit ihnen dennoch nicht. Fortpflanzung und Haltung erfordern so viel Spezialwissen, dass Tierpfleger Daniel Strozynski nie länger als zwei Wochen in Urlaub fährt. Er mischt den Quallen das Salzwasser, reguliert seine Temperatur, gibt Jod bei und kümmert sich um die Strömung. Denn die meisten Quallen lassen sich treiben und variieren die Richtung, indem sie ihren Schirm auf- und zuziehen.

Strozynski stellt sogar die Beleuchtung ein. Fingerhut- und Mangrovenquallen drehen sich gerne dem Licht entgegen. „Sie ernähren sich durch Zucker, den Algen in ihrem Körper durch Fotosynthese herstellen."

Mangrovenquallen werden mehrere Jahre alt, kleine Arten wie die Fingerhutquallen nur wenige Wochen. Im Kino werden sie riesig: Dustin Hoffman und Sharon Stone nehmen es im Film „Sphere" (von 1998) mit solchen Monstern auf. Im wahren Leben treiben immer wieder Schwärme von 200 Kilo schweren Nomura-Quallen vor der japanischen Küste. Sie bringen sogar Boote zum Kentern. Ihr Schirmdurchmesser: zwei Meter.

Mehr als 20 Arten werden im Zoo-Aquarium Berlin seit 22 Jahren kultiviert. Besuchern wird eine Auswahl präsentiert: Kompass-, Ohren-, Fingerhut-, Malaien-, Mangroven- und Gepunktete Wurzelmundquallen. In den Zuchtbecken im Keller sind sie in verschiedenen Entwicklungsstadien zu sehen. Wichtig bei Quallen: Die Kinder sind immer anders als die Eltern. Quallen pflanzen sich geschlechtlich fort. Aus den Eiern bilden sich Larven, daraus entstehen Polypen. Die bleiben sesshaft und in gewisser Weise unsterblich: Denn sie spalten Teile von sich ab, die wiederum zu neuen Quallen auswachsen. Das alles geschieht, ohne nachzudenken – Quallen haben kein Gehirn. Anders als Killer.

ATLANTISCHE KOMPASSQUALLE

(Chrysaora melanaster)

HERKUNFT
Atlantik, Nordsee, Mittelmeer

GIFT
brennt

GRÖSSE
Schirm bis 30 cm, Fangarme ausgestreckt bis 3 m, Mundarme bis 1–1,50 m

GEWICHT
3–5 kg

LEBENSDAUER
10–12 Monate im Aquarium

NAHRUNG
tierisches Plankton wie Krebslarven, kleine Garnelen, Fischlarven etc.

FÜTTERUNG
3 Mal täglich ohne feste Zeit

ZUCHT
Zuchtprogramm bei EUAC (Europäischer Verband Aquarien-Kuratoren)

BEACHTE
die mehr als ein Dutzend V-förmigen, dunklen, oft roten Streifen auf dem Schirm! Sie ähneln der Unterteilung auf einem Kompass (der Kompassrose), daher der Name.

Wusstest du schon, ?

dass der Schirm einer Qualle keine Nesselzellen enthält? Nur die Berührung der Tentakel kann schmerzhaft bis lebensgefährlich sein. Dort sind die Nesselzellen verteilt. Sie enthalten eine Nesselkapsel mit einem giftigen Sekret, die schon bei geringem Druck aufplatzt.

Rudolphs Rotnase

Wer hinhört, kann sie hicksen hören. Obwohl, es klingt mehr wie ein Knacken. Schließlich befinden wir uns vor dem Rentiergehege im Tierpark, nicht auf dem Gelände der Glenlivet-Brennerei in Schottland, wo eine Herde von 80 Tieren leben soll. Mehr als eine Handvoll Exemplare dieser Hirschart grast im Tierpark. Alle tragen ein Geweih, denn Rentiere sind die einzigen Hirsche, bei denen auch die Weibchen bewaffnet sind. Es hilft beim Streit um schneefreie Futterplätze. Und es hilft gegen Annäherungsversuche von Leithirsch Haakon. Der nordische Name ist alt. Bei der Namensgebung für die Rentiere orientieren sich die Mitarbeiter an Traditionen. Rudolph ist relativ jung. Das zur Weihnachtszeit besungene „Rednosed Reindeer" wurde 1939 vom Kaufhausangestellten Robert L. May erfunden. Haakon hat keine rote Nase, ist nicht der Nebelscheinwerfer von Santa Claus und zieht keinen Schlitten. „Früher haben wir unsere Rentiere an Halfter gewöhnt und sind mit ihnen auf Weihnachtsmärkte gegangen", erzählt Tierpark-Tierarzt Günter Strauss. Doch dafür fehlt heute die Zeit. Oder die Mitarbeiter. Es läuft auf dasselbe hinaus.

Bewegt sich die Herde, ist das Knacken zu hören. „Bei jedem Schritt springen in den Füßen Bänder über die Gelenksvorsprünge", erklärt Strauss. Am Knacken erkennen sich die Tiere im Schnee. Und der wird tief. Wie sinnvoll, dass Waldrene so hochbeinig sind. Im Zoo konnten sie bei hohem Schnee, das berichtet Kurator Tobias Rahde, schon über den Zaun steigen. „Eines unserer fünf Waldrentiere stand plötzlich auf dem Besucherweg. Die Tierpfleger konnten es aber schnell wieder zurück ins Gehege bringen.“ Rentiere leben rund um den Nordpol in den Tundren und Taigawäldern Nordeurasiens und Nordamerikas sowie auf Grönland und anderen arktischen Inseln. Sie zählen zu den am weitesten nördlich lebenden Großsäugern. Gegen die Kälte hilft, dass Rentierhaare wie Röhren aufgebaut sind. Sie können sich mit Luft befüllen, die als Wärmeisolator dient. Rentiere wollen dem arktischen Winter entgehen und wandern, wandern, wandern. Dabei legen sie Strecken bis zu 5.000 Kilometern zurück – die längste Wanderung von Landsäugern überhaupt. Die Wander-Herden können mehrere 100.000 Tiere umfassen. In Alaska wurden sogar eine halbe Million Mitläufer gesichtet. Selbst danach macht keiner seins: Die großen Herden lösen sich in kleinere Verbände zu zehn bis hundert Tieren auf. Die Art ist alt: Schon die Neandertaler haben Rene an ihre Höhlenwände gezeichnet – und gejagt. Heute lebt nur noch in der norwegischen Hochgebirgsebene, der Hardangervidda, eine kleine Wildrenpopulation. Alle anderen europäischen Rentiere sind Haustiere. Bis heute werden Rentiere in vielen Teilen der Welt gejagt. Menschen schätzen ihr mageres Fleisch auf Rentierpizza. Andere Feinde des Rens sind z.B. Wölfe. Die größte Plage aber ist klein: Die Stechmücke.

?

Wusstest du schon,

dass Rentiere vor ca. 110.000 Jahren, während der letzten Eiszeit, die weiteste Verbreitung hatten: Sie reichte bis zu den Pyrenäen und an die heutige Nordgrenze von Mexiko.

RENTIER

(Rangifer tarandus)

HERKUNFT
rund um den Nordpol in Nordamerika, -europa und -asien, auf Grönland und anderen arktischen Inseln

GRÖSSE
von Kopf bis Rumpf bis 2,20 m, Schulterhöhe bis 1,40 m

GEWICHT
bis 300 kg

NAHRUNG
v. a. Grasfresser, im Winter Flechten, Moose, Pilze

FÜTTERUNGSZEIT
9 und 14 Uhr

STATUS
Waldrentier gefährdet

BESTAND
Wildren ca. 4 Millionen Tiere, domestiziert etwa 3 Millionen

ZUCHT
für Waldrentiere ein ESB*
in Nordensark, Schweden

*ESB European Studbook (Europäisches Zuchtbuch)

Lebende Fossilien

Sie sind uralt. Lebende Fossilien sagen Kenner zu solchen Tieren. Die Rede ist von Schildkröten im Allgemeinen. Es soll sie schon vor 220 Millionen Jahren gegeben haben. Anders als ihre damaligen Zeitgenossen, die Dinosaurier, die vor 65 Millionen Jahren vom Erdboden verschwanden, haben die Plattenträger überlebt. Fünf davon, die zwar nicht in der Luft, aber zu Wasser wie zu Lande leben können, sind seit November 2010 im Aquarium im Zoo zu sehen. Ihr individuelles Alter ist unbekannt, das Geburtsdatum fehlt. „Die Borneo-Flussschildkröten sind im Washingtoner Artenschutzabkommen aufgeführt", so erzählt es der Vize-Reviertierpfleger Ronny Keßner, „sie wurden vor zehn Jahren am Flughafen Hongkong beschlagnahmt, weil sie sonst im Kochtopf gelandet wären." Danach lebten sie in einer Auffangstation im Wiener Tiergarten Schönbrunn. Inzwischen sind sie erwachsen, aber nicht ausgewachsen: Zu ihren 65 Zentimeter Stockmaß können von Rand zu Rand zehn Zentimeter dazukommen.

Mit Alter und Größe ist der Drang zur Elternschaft verbunden. Wobei man bei Schildkröten eher von Vaterschaft sprechen muss. Denn wenn jemand aktiv im Sinne der Reproduktion ist, dann ist es das einzige Männchen in der Fünfertruppe, auch zu erkennen am längeren Schwanz. Bei seinen Werbungsversuchen sieht er aus wie ein Lotse, der ein Flugzeug einwinkt – bloß unter Wasser. Pausenlos schwimmt er seiner Angebeteten hinterher, versperrt ihr den Weg und paddelt wie wild mit seinen Vorderbeinen. Die sind am Fußende zu Fächern verbreitert, zwischen den kurzen Krallen befinden sich Schwimmhäute. Die Damen gehen keinesfalls auf den Lock-Tanz ein. Die Favoritin schwimmt davon – sie macht, dass sie Land sieht. Die übrigen drei Weibchen verfolgen das Schauspiel aus sicherer Distanz. Schließlich hat die Sandfläche einiges zu bieten: Außer einem Krokodil-Mitbewohner aus Neuguinea. „Der macht nichts", sagt Keßner – noch UV-Strahler. Wie im Solarium. „Die Haut der Flussschildkröten muss zwischendurch trocknen, das hilft gegen Pilzbefall", sagt Keßner. Der Sand soll zur Eiablage dienen. Schildkröten verbuddeln ihre Eier und überlassen sie ihrem Schicksal.

Weitere Details zur Zucht, etwa wie lange die Eier ausgetragen werden, muss Keßner selbst erforschen: „Diese Reptilien sind ihrer Größe wegen selten in deutschen Zoos und in Privathänden." Ursprünglich stammen die Tiere aus Borneo und Sumatra. Wenn sie nicht gejagt oder durch Rodungen vertrieben werden, leben sie hauptsächlich im Wasser. Und davon pumpt die Schildkröte über ihre Kloake einiges in ihre Analblase, damit sie so schwer und tief im Wasser liegen kann wie ein Klops im Magen. An ihrem Standort im Aquarium lebte bis zum Sommer 2010 das einäugige Nilkrokodil, das an Altersschwäche starb. Der über 70-Jährige war der älteste Zoo-Bewohner. Dir Rolle hat jetzt Gorilla-Dame Faton mit mehr als 50 Jahren.

BORNEO-FLUSS SCHILDKRÖTE

(Orlitia borneensis)

HERKUNFT
Sumatra und Borneo

GRÖSSE
bis 80 cm Körperlänge

GEWICHT
20–30 kg

NAHRUNG
Allesfresser (Fisch, Obst, Gemüse)

STATUS
stark gefährdet, obwohl in Cites II geschützt

BESTAND
unbekannt

BEACHTE
den Hals! Das Männchen ist auch daran zu erkennen, dass sein Hals dicker und länger ist als der der Weibchen.

Wusstest du schon, ?

dass Wasserschildkröten unter Wasser die Luft anhalten? „Sie atmen mit Lungen, genau wie Menschen", sagt Ronny Keßner vom Aquarium. Wo unsereins Platz für Sauerstoff durch Dehnen des Brustkorbs schafft, schieben die umpanzerten Tiere innere Organe zur Seite.

Schweinebande

Sie ist gruselig und sie ist gemein: die Legende um die Weißbart-Pekaris im Zoo Berlin. Sie geht wie folgt: Es war einmal in Paraguay eine Indianerin, die zog fünf verwaiste Nabelschweine auf. Als die Tiere groß waren, bissen sie die Frau zu Tode und fraßen sie auf. Angeblich wurden zwei von ihnen 1985 in den Zoo Berlin verkauft, wo es schon länger Weißbart-Pekaris gab. Ihr Nachfahre Junior lebt heute noch. Der 1987 Geborene soll, so erzählt Reviertierpfleger Klaus-Dieter Grahl, das älteste bekannte Weißbart-Pekari auf Erden sein. Junior ist inzwischen Senior und – noch – der Chef. Er frisst als Erster, wenn Grahl die Sautrommel ins Spiel bringt. Das ist ein mit Mais gefüllter Zylinder, der sich beim Drehen durch Löcher entleert. „Junior" entscheidet – das ist keine Legende – über Leben und Tod. Denn unter den Pekaris im Zoo Berlin gibt es immer einen Prügelknaben. Nun prügeln Pekaris nicht. Sie beißen. Ihre scharfen, dolchartigen Zähne hinterlassen tiefe Wunden, ganze Ohren reißen sie ab und Schenkel auf. Doch sie können auch nett sein. Pekaris werfen maximal drei Junge und säugen im Stehen. Zum Nickerchen hüpfen alle zum Sauhaufen übereinander. „Wer zuletzt kommt, klettert nach oben und sucht sich eine Kuhle", sagt Grahl. Er sieht das abends im Schweinehaus.

Nachbarn der Pekaris sind die Hirscheber von der indonesischen Insel Sulawesi. Die Einheimischen machen gerne Witze wie den, dass Hirscheber die Hauer bräuchten, um sich nachts zum Schlafen an einen Ast zu hängen. Man muss wissen, dass nur die Männchen solche runden Hauer haben. Die Zähne haben sich nach drei Jahren mit 20 Zentimetern fast im Kreis gedreht. Die Weibchen tragen nur kleine Knöpfe – so nennt man das.

Hirscheber haben kein Fell, nur ein paar Borsten, und sie können nicht schwitzen, weil ihnen – anders als Menschen – die Schweißdrüsen fehlen.

Im Zoo füllen Grahl und seine Kollegin Veronika Quade die Lehmkuhlen in den drei Anlagen ab 20 Grad Außentemperatur mit Wasser auf. Im Winter werden die Tiere von Hand mit Lehm eingerieben, damit die Haut geschmeidig und feucht bleibt. Von Babyöl rät Grahl ab. „Sie hat unseren Hirschebern die Haut ausgetrocknet und borkig gemacht."

Hirscheber Elfi ist laut Grahl nach Knut und den Menschenaffen das beliebteste Zootier. Kenner kraulen die 1991 Geborene hinter den kleinen Ohren. Wenn Elfi knurrt, ist sie sauer. Dann rufen die Tierpfleger sie Elfriede. Den Eindruck ihrer strahlend grauen Augen mindert es nicht. Hirscheber ist übrigens eine Bezeichnung für beide Geschlechter, „Sau sagt man nicht", sagt Grahl. Da hat er recht.

Wer Schweine sehen will, hat in Berlin echt Glück. Nirgendwo sonst seien so viele Arten und Rassen zu sehen wie in Zoo und Tierpark, sagen die Kuratoren. Es gibt Rotbunte Schweine sowie vietnamesische Hängebauch-, chinesische Masken-, ungarische Mangaliza-, afrikanische Warzen- und Pinselohr sowie Borneo-Bartschweine. Die ganz „normalen" europäischen Wildschweine nicht zu vergessen.

WEISSBART-PEKARI

oder Nabelschwein
(Tayassu pecari)

HERKUNFT
Mittel- und Südamerika, von Südmexiko bis Argentinien, bevorzugt dichten, tropischen Regenwald

GRÖSSE
von Kopf bis Rumpf 0,90 – 1,20 m, Schulterhöhe 40 – 60 cm

GEWICHT
20 – 40 kg

NAHRUNG
Allesfresser, Knollen, Gräser, Samen, kleine Tiere, Eier und Früchte

STATUS
gering gefährdet

Wusstest du schon, ?

dass Pekaris aus einer versenkten Drüse am Rücken ein moschusartiges Sekret absondern und sich gegenseitig einreiben? So entsteht ein würziger Familiengeruch, der den Zusammenhalt der Rotte stärkt. Sie sind ständig auf Wanderschaft in den Wäldern Süd- und Mittelamerikas. Menschen stellen ihnen nach. Pekarihaut ist Kult, steckt in Kulturbeuteln und Lederhandschuhen. Die gegerbte Haut gilt als geschmeidig, haltbar, und sie wärmt.

Wilde Kerle

Das war ein Rülpser. Von wegen Vorbild. Aber es gibt auch Menschen, die vor Schreck aufstoßen. Und die Aufregung ist gelegentlich groß bei Seelöwin Lucy. Zum Beispiel, als sie das erste Mal mit ihrem Sohn Volker vor Publikum geschwommen ist. Ihr Bäuerchen war der Auftakt zum Brüllen – wobei Lucys Lautstärke nicht an die von Enzo heranreichte, der sich hinter den Kulissen akustisch aufspielte.

„Wir halten bei den Seelöwen Vater und Sohn getrennt", sagt Zoo-Kurator Heiner Klös. Enzo ist der Chef. Obwohl Seelöwen gesellige Tiere sind, kann es zur Paarungszeit nur einen geben. Dann kämpfen die Bullen an den Küsten gegeneinander. Sie werden selten 20 Jahre alt.

Die wildesten Kerle bilden bis zu 16 Kühe große Harems. Die Memmen werden an den Rand gedrängt. Geburt und Paarung liegen bei Seelöwinnen eng beieinander, dank eines speziellen Systems: So nistet sich der Embryo nach der Befruchtung nicht sofort in der Gebärmutter ein, sondern erst nach einer Phase der Keimruhe. Volker, also der Nachwuchs aus dem Jahr 2008, sowie seine Geschwister Diego (2009), Amanda und Gina (beide 2010) sind für den Zoo etwas Besonderes. Denn die letzte Seelöwenaufzucht war 1933 verzeichnet worden, sagt Klös. Zur Geschlechtsreife müssen die Söhne ausziehen. Volker lebt bereits im polnischen Zoo Opole. Seine Eltern, Lucy und Enzo, stammen aus Zoos aus Nordrhein-Westfalen, und in

Dortmund arbeitet der Namensgeber. Robbenpfleger Volker Gatz hatte den Berliner Kollegen viele wertvolle Tipps gegeben.

Manches Jungtier war in der „Schule" bzw. beim sogenannten medical training. Flossen heben, Kopf schütteln, Bälle jonglieren, Küsschen geben – Tierpfleger Norbert Zahmel demonstriert in einem schwarz-roten Neoprenanzug vor Publikum, was die intelligenten Säugetiere lernen können. Zur Belohnung gibt es Fische. Lucy & Co. verschlingen sie im Stück. Ohne Komplikationen! So ein Robbenmagen ist als länglicher Schlauch auf große Beute gefasst.

Seelöwen werden seit Jahrzehnten in Zirkussen und Zoos dressiert. So sind sie beschäftigt und zahm, Zahmel kann täglich Augen, Ohren, Zähne und Fell kontrollieren.

Auch das Militär bedient sich der Tiere. Die US-Marine trainiert See-löwen darauf, in tiefem Wasser verlorene Objekte wiederzubeschaffen, Seeminen aufzuspüren und vor feindlichen Tauchern zu warnen. Die japanische Kriegsmarine soll während des Zweiten Weltkrieges zu Übungszwecken auf Seelöwen geschossen haben. Die Population gilt als ausgestorben.

Auch Kalifornische Seelöwen, dazu zählen Volker, Lucy und Enzo, waren weg vom Felsen: Auf der Jagd nach Tran und Fellen hatten Robbenjäger nur wenige Vertreter leben lassen. Heute, wo andere Arten gejagt werden, soll ihre Population wieder angewachsen sein. Postkartentauglich sind die Seelöwen, die auf den Felsen vor der Gefängnisinsel Alcatraz herumbrüllen. Und rülpsen.

KALIFORNISCHER SEELÖWE

(Zalophus californianus)

HERKUNFT
westliches Nordamerika
(Alaska bis Mexiko)

GRÖSSE
2,40 m (Männchen),
1,80 – 2 m (Weibchen)

GEWICHT
90 – 110 kg (Kühe), 380 kg (Bullen),
Vasco im Zoo 350 kg

GESCHWINDIGKEIT
bis zu 40 km/h und mehr, gilt als schnellste und eleganteste Robbe

NAHRUNG
Fische und Tintenfische; zur Jagd tauchen sie 80 m tief und bis zu drei Minuten lang; beobachtet wurde auch ein Tauchgang von 274 m

FÜTTERUNGSZEIT
Es gilt die Uhr am Beckenrand, meistens um 11.30 und 15.15 Uhr.

STATUS
nicht gefährdet

BESTAND
355.000

ZUCHT
ESB im holländischen Tierpark Rhenen

*ESB European Studbook (Europäisches Zuchtbuch)

Wusstest du schon?

dass es sich sehr oft um Kalifornische Seelöwen handelt, wenn Seelöwen in einem Zirkus oder Zoo vorgeführt werden? Sie sind weniger aggressiv und leichter zu zähmen als andere Seelöwen.

Fabelhafte Wesen

Takin das ist ein Wort, das man in Europa selten hört. Schließlich redet außer „Tim & Struppi“-Fans auch kaum jemand von Yetis. Die zweibeinigen Schneewesen sollen in Tibet gelebt haben – und damit haben sie noch etwas mit Takinen gemein: Sie stammen aus Asien. Mit Fabelwesen wartet der Tierpark Berlin zwar nicht auf – aber Takine rangieren auf der Werteskala gleich dahinter. Es ist weltweit einzigartig, dass er seit Herbst 2010 alle drei Unterarten der Takine zeigen kann. „Das gibt es nicht mal in chinesischen Zoos“, sagt Kurator Christian Kern, „dort sind nur zwei Unterarten zu sehen.“ Wobei man erst erklären muss, was ein Takin ist: Schaf, Rind, Ziege oder Pferd? „Nichts davon“, sagt Kern, „Takine sind zoologisch betrachtet eine eigene Unterfamilie innerhalb der Hornträger. Ihre nächsten Verwandten sind die Moschusochsen und Gorale.“

Takine leben in lockeren Sozialstrukturen. Die kleinste und stabilste Einheit sind Mutter und Kälber, die größte Herde kann bis zu 50 Mitglieder umfassen, im Winter noch mehr – wobei die Männer außerhalb der Paarungszeit entweder ganz allein oder als Junggesellen unter sich bleiben. Der Nachwuchs lebt in sogenannten Kindergärten. „Die Jungtiere kommen alle zeitnah im Frühjahr zur Welt und wachsen gemeinsam auf“, sagt Kern. Während ein bis zwei Kühe im Wechsel wie Erzieherinnen die Kleinen hüten, gehen die übrigen fressen. Das ist im Tierpark seit langem zu beobachten: Zwischen 1974 und 2010 kamen dort 96 Mishmi-Takine zur Welt. Kern hofft nun, dass die jüngsten Zugänge im Tierpark, die drei Goldtakine Shen, Ishan und Zhouzhi, Nachwuchs bekommen werden. Neben Mishmi- und Goldtakin hat der Takin eine weitere Unterart ausgebildet: den Sichuan-Takin. Alle drei sind Paarhufer und Pflanzenfresser. Worin sich die Tiere unterscheiden, lässt sich im Tierpark gut beobachten. Goldtakine haben die namengebende Farbe im Fell. Deshalb bringt man sie mit der Argonautensage vom Goldenen Vlies in Verbindung. Sie handelt davon, dass die Helden ein gestohlenes Vlies, also Fell, im Kaukasus zurückerobern müssen und dabei einige Abenteuer bestehen. Goldtakine leben im Qingling-Gebirge (sprich: Tjingling-Gebirge). Die chinesische Regierung hat sie wie den Großen Panda und Goldstumpfnasenaffen, unter höchsten Schutzstatus gestellt. 4.000 bis 5.000 Tiere sollen in freier Wildbahn leben. Vor Regen geschützt sind die Tiere durch dickes Fell, das sich stark einfettet – Wasser perlt ab.

Die südlichste lebende Unterart sind die Mishmi-Takine. Sie sind die Kleinsten, braun gefärbt und tragen ihre Hörner am steilsten nach oben. Am nördlichsten leben die Goldtakine. Sie sind am besten an Kälte angepasst und tragen die flachsten Hörner. Und die Sichuan-Takine als Übergangsform stehen geografisch wie körperlich mit graugoldenem Fell dazwischen.

?

Wusstest du schon,

dass 1980 im Tierpark die erste Geburt eines Mishmi-Takins außerhalb seines Verbreitungsgebietes stattfand? Das war damals eine zoologische Sensation.

TAKIN

(Budorcas taxicolor)

HERKUNFT
Asien (Indien, Bhutan, Myanmar, China; gebirgige Regionen)

GRÖSSE
bis 1,40 m

GEWICHT
bis 400 kg

NAHRUNG
Blätter von Sträuchern und Bäumen, Zweige, Nadeln

STATUS
Gold- und Mishmi-Takin sind stark gefährdet, Sichuan-Takin verletzlich

BESTAND
nicht genau bekannt

ZUCHT
ESB* im schottischen Kingussie Highland Wildlife Park und nordamerikanisches Zuchtbuch

*ESB European Studbook (Europäisches Zuchtbuch)

Stille Genießer

Pablo kommt aus dem Saarland – man hätte den Tapir auch weniger feurig einfach Paul nennen können. Aber sein Name erinnert daran, dass Flachlandtapire aus Südamerika stammen. Ihr Verbreitungsgebiet erstreckt sich von Kolumbien und Venezuela bis Argentinien.

„Sie sind Verwandte der Nashörner", sagt Zoo-Tierarzt Andreas Ochs. Aber auch mit den Pferden teilen sie eine anatomische Besonderheit, den „Luftsack". Ähnliches kennen wir Menschen: Hohlräume im Kopf – die Kiefer-, Stirn- und Nasennebenhöhlen. Mit dem Nashorn vereint Tapire wie mit Elefanten die Rüsselnase. Die Nase ist nicht nur zum Riechen da, sondern zum Greifen, wie mit einer Hand. „Damit können sie sogar Unterwasserpflanzen abreißen", erklärt Ochs – ein Plus bei der Nahrungsbeschaffung. Am Rüsselende laufen viele Nervenstränge zusammen, die zum Parasympathikus gehören – zu dem Teil, der für Entspannung zuständig ist. Wer dort krault, wird ein Tapirflüsterer. Ochs macht es vor und drückt den Rüssel, als wolle er ihn melken. Pablo schließt langsam die Augen und gleitet zu Boden. Fehlt nur das behagliche Grunzen. Aber Tapire sind von der stillen Sorte, auch der Mittelamerikanische Tapir Chico, der neben Pablo untergebracht ist. Mit weißen Ohrrändern, heller Halsunterseite und fehlendem Nackenkamm unterscheidet Chico sich von Flachlandtapir, Wolltapir und Schabrackentapir.

Allen männlichen Tapiren gemein ist das „fünfte Bein“ – so das Ausmaß ihres Geschlechtsorgans im Ernstfall.

Wer Pablo krault, merkt auch: Sein Fell ist fettig. „Flachlandtapire leben im Dschungel am Wasser. Das Fett weist Feuchtigkeit ab“, sagt Ochs. Sie wälzen sich oft im Schlamm, denn der erstickt die Parasiten, die sich auf ihrem strammen Körper ansiedeln. Nutzt das Bad nichts, locken sie Indianerberichten zufolge Vögel an, die die Zecken weghacken. Reviertierpfleger Jürgen Jahr hat den „keckernden Ton“ schon gehört, als Kontaktruf zwischen Mutter und Kind.

Ausgeschlossen fühlte sich wohl der am 6. November 2009 geborene Pablo, als er im August 2010 nach Berlin umzog. „Er hat“, sagt Reviertierpfleger Jahr, „die Mädchen gejagt.“ Und das, obwohl sie älter, dicker und größer sind als er selbst. Die Mädchen, das sind die 2002 geborene Ronja und ihre Tochter Maja. Pablo biss um sich. Zwei Wochen lang liefen Maja und Ronja vor ihm weg – bis Maja das Gleichgewicht der Kräfte entdeckte und zurückschnappte. Danach haben sie ihren Frieden geschlossen. Die drei schlafen nebeneinander, fressen und rennen zusammen. Na, geht doch.

TAPIR

(Tapirus terrestris)

HERKUNFT
Südamerika, von Kolumbien und Venezuela bis Argentinien

GRÖSSE
Kopf-Rumpf-Länge bis zu 2,20 m; Schulterhöhe etwa 1 m

GEWICHT
von 15 kg (Neugeborene) bis 250 kg, Weibchen sind in der Regel etwas schwerer als Männchen

NAHRUNG
Pflanzenfresser, Blätter, Wasserpflanzen, Knospen, Zweige, Früchte

STATUS
gefährdet

BESTAND
Bestand abnehmend wegen Jagd und Vernichtung des Regenwaldes

ZUCHT
der ZooParc de Beauval führt ein EEP*

* EEP Europäisches Erhaltungszuchtprogramm

Wusstest du schon, ?

dass Tapire auch in Film und Theater mitwirken? Ihr Eröffnungsauftritt in Mel Gibsons „Apocalypto" war leider kurz, grausam und blutig: Vier junge Jäger schlachten einen Tapir und teilen die inneren Organe unter sich auf. Anders in Sybille Bergs Theaterstück „Helges Leben". Dort spielen Frau Tod und Frau Gott vor einem Tapir, Reh und Schnapphamster – die Tiere sind das Publikum.

Wildkätzchen

Sie klettern hoch, sie schwimmen gut, sie rennen schnell und springen weit: Tiger. Im Tierpark sind drei Unterarten zu sehen: Hinterindische und Sibirische Tiger sowie der kleinste, der Sumatra-Tiger, der inklusive Schwanz bis zu 2,6 Meter misst. Shakira und Jambi sind Sumatra-Tiger. Das Pärchen ist tagsüber meist schlafend im Außengehege zu sehen und unverkennbar mit kräftigem rotbraunen Fell und enger, schwarzer Streifung. Abends gibt es Futter: Fleisch, Fleisch und wieder Fleisch. Nur freitags ist Ruhetag für Magen und Darm. Der Darm ist bei allen reinen Fleischfressern recht kurz, kürzer als beim Allesfresser Mensch mit seinen im Schnitt neun Meter Darmlänge.

Ohne Futter wandelt Jambi auf Freiersfüßen, weitet seine Nüstern und atmet tief über einer Pfütze ein. Der Urin stammt von Shakira. „Jambi flehmt", sagt Tierpark-Kurator Christian Kern. Der Tiger arbeitet wie ein Chemiker: Er prüft, wie viele Pheromone in der Luft fliegen. Diese Hormone scheidet das Weibchen über den Urin aus, wenn es rollig, also empfänglich ist. Shakira muss die Mutterrolle noch üben. Bislang hat sie ihre Jungtiere aufgefressen. Ähnlich brutales Verhalten beschreibt der Inder Aravind Adiga in seinem Roman „Der weiße Tiger". Es geht um den Überlebenskampf in weiten Teilen der indischen Bevölkerung – wie beim Tiger, dem der Mensch ans Fell will. Die Jagd ist längst verboten, doch das Töten geschieht im Namen der traditionellen chinesischen Medizin: Produkte des Tigers sollen gegen Krankheiten helfen.

400–500 Sumatra-Tiger soll es in freier Wildbahn noch geben. Die Schätzungen für den Hinterindischen Tiger – ein Paar ist auch im Zoo zu sehen – belaufen sich auf 350–2.500 Exemplare.

Der Amur- oder Sibirische Tiger galt im Grenzgebiet zwischen Russland, China und Nordkorea vor 60 Jahren als so gut wie ausgerottet. Inzwischen gibt es Schutzzonen in Russlands Wäldern, 350–450 Tiger sollen wieder in dem Gebiet leben. Für den Sibirischen Tiger kann sich der Zoo Leipzig des meisten Nachwuchses rühmen mit mehr als 350 Jungtieren. An zweiter Stelle steht der Tierpark Berlin mit 121 Jungtieren seit 1958, sagt Kurator Kern.

Sibirische Tiger sind mit einer Länge von 3,2 Metern von Schwanspitze bis Schnauze die größten lebenden Katzen der Welt. Sie sind schwer. Die männlichen Exemplare bringen bis zu 300 Kilo auf die Waage, Weibchen bis 170 Kilo. Um sein Gewicht zu halten, muss das Tier richtig ackern. Nur jede zehnte Verfolgungsjagd führt zum Erfolg. Hilfreich sind die scharfen Krallen, mit denen die Tiger sich in Hirschen, Rehen oder Wildschweinen verhaken, um sie zu erwürgen oder ihnen mit einem Biss der Eckzähne das Genick zu brechen. Selbst die Flucht ins Wasser hilft der Beute nicht. Die Großkatze ist ein guter Schwimmer. Vorteil Tiger.

AMURTIGER

oder Sibirischer Tiger
(Panthera tigris altaica)

HERKUNFT
Grenzgebiet zwischen Nordkorea, China und Russland

GRÖSSE
Körper und Rumpf 2,20 m, Schwanz 1,10 m – größte Katze der Welt

GEWICHT
Männchen bis 300 kg, Weibchen bis 170 kg

GESCHWINDIGKEIT
50 bis 60 km/h, in der Spitze 70 km/h

NAHRUNG
Fleisch

FÜTTERUNG
im Tierpark 15 Uhr, freitags ist Fastentag

STATUS
Sibirischer Tiger vom Aussterben bedroht

BESTAND
350–450 Sibirische Tiger

ZUCHT
EEP* im Zoo London, Großbritannien, sowie Internationales Zuchtbuch im Zoo Leipzig.

* EEP Europäisches Erhaltungszuchtprogramm

?

Wusstest du schon,

dass es die Bergmannsche Regel gibt? Sie besagt, dass Säugetiere – wie auch Vögel – umso größer sind, je kälter ihr Verbreitungsgebiet ist. Größere Tiere haben eine im Verhältnis zum Volumen verringerte Köperoberfläche, über die sie die Wärme abgeben.

Der Riesenschnabel

Der dottergelbe Fleck auf ihrer Brust ist schuld an ihrem Namen. Dottertukane stammen aus Südamerika und sind ein Must-Have für einen Zoo. So ähnlich drückt sich Zoo-Kurator Ragnar Kühne aus, er nennt sie Flaggschiffe Südamerikas. „So gut wie jeder unserer Besucher, der in Südamerika war, will nach seiner Rückkehr bei uns einen Tukan sehen.“ Zwar sind die verschiedenen Arten nie in großer Dichte anzutreffen, doch schon wegen ihrer Größe und Farbenpracht zählen Tukane zu den Auffälligkeiten der Neuen Welt. Der gelbe Brustfleck sticht auf weißem Latz und schwarzem Gefieder besonders stark hervor.

Sprechen können Tukane nicht, nicht mal richtig singen. Die Kunst der Melodie beherrschen in der Regel sowieso nur männliche Singvögel – zu denen gehören die spechtverwandten Tukane nicht. Dafür melden sich bei Tukanen auch die Weibchen zu „Wort“: Sie knarzen wie rostige Wetterfahnen im Wind. Der Dottertukan im Zoo, so berichtet Reviertierpfleger Jörg Ulbricht, knarrt erst am Nachmittag, und das immer seltener. Das Tier ist älter als 15 Jahre, ein Veteran. Das Knarzen dient den Einzelgängern dazu, im Dschungel Partner zu finden und ihr Territorium abzugrenzen. Der große Schnabel soll Rivalen und Weibchen beeindrucken: Erstere sollen flüchten und Letztere sich angezogen fühlen. Außerdem lassen sich mit so einem langen Werkzeug entlegene Früchte vom Baum naschen.

Denn die Nesträuber verschmähen Obst keinesfalls. Sie werfen Beeren mit der Schnabelspitze in die Luft, reißen den Rachen weit auf und lassen sie in die Kehle fallen, wie jemand, der mit Erdnüssen spielt.

Dass sie trotz ihres riesigen Schnabels nicht vornüberkippen, liegt daran, dass er so leicht ist wie Luftschokolade und gebaut wie Milchschaum. Das haben Marc A. Meyers und Kollegen an der Universität von Kalifornien erforscht. Die Struktur bilden knochenartige Fasern, trommelartige Membranen und zarte Keratinplatten.

Ökologisch gesehen sind Tukane die südamerikanische Antwort auf die Hornvögel, die nur in Asien und Afrika vorkommen. „Beide Verwandtschaftsgruppen sind unabhängig voneinander entstanden“, sagt Kühne. Was zu Ende gedacht die Frage aufwirft, ob irgendwo im Weltall Menschen leben. Bislang konnten wir noch nicht weit genug fliegen, um welche zu finden. Dottertukane wiederum fliegen gar nicht gerne. „Sie sitzen lieber rum und klettern“, sagt Kühne. Zwar nicht so gut wie Spechte, aber immerhin haben sie als Spechtartige ihre vierte Kralle nach hinten ausgerichtet, können also mit zwei Krallen nach vorne und zwei nach hinten Äste sehr gut greifen. Damit halten sie sich auch im Schlaf fest. Als Besonderheit richten sie dabei ihren Schwanz auf und legen den Kopf nach hinten, elegant wie ein Schwan. Selbst ein Ei-Fleck kann wahrer Schönheit nichts anhaben.

? Wusstest du schon,

dass Dottertukane nach wie vor gejagt und gegessen werden? Man wundert sich vielleicht weniger, wenn man bedenkt, dass andere Völker andere Vögel essen, wie Hühner oder Puten.

DOTTERTUKAN

(Ramphastos vitellinus)

HERKUNFT
Südamerika

KÖRPERBAU
mittelgroß, kurzflügelig und relativ langschwänzig; der Schnabel macht etwa ein Drittel der Länge aus

NAHRUNG
Früchte, kleine Insekten, Eier anderer Vogelarten, sogar Jungvögel

STATUS
ungefährdet

BEACHTE
die Füße! Dottertukane haben wie Spechte zwei Krallen nach hinten gebogen und können sich so – zwei Krallen nach vorne, zwei nach hinten – besonders gut im Baum festhalten.

Erst schreien, dann schmusen

Napoleon wurde auf eine Insel verbannt, Robinson Crusoe lebte auf einer, Captain Jack Sparrow strandete auf mehreren. Die Insel – ein Ort des Überlebens auch für Pflanzen und Tiere. So wie die Lemuren, die nur auf Madagaskar vorkommen. Die Insel hat sich vor 150 Millionen Jahren von Afrika und vor 90 Millionen Jahren von Indien abgespalten. Auf ihr hat sich eine eigene Artenvielfalt entwickelt – die Feuchtnasenaffen gehören dazu.

Gustav ist so ein Feuchtnasenaffe, ein Vari. Er hat ein schwarz-weißes Fell, einen Bart ums ganze Gesicht und bernsteinfarbene Augen. Varis leben in großen Sozialverbänden, Gustav lebt im Tierpark auf einer Insel und in einer WG. So hat sein Leben im Jahr 2004 auch begonnen: als Neuzugang in der Wohnung von Tierpark-Tierarzt Andreas Pauly. Gustav war von seiner Mutter verstoßen worden. Pauly nahm ihn mit, baute eine Schlafkiste und gab ihm alle 90 Minuten die Flasche mit echter Säuglingsmilch.

Drei Monate hat Gustav bei Pauly gelebt. Als er zurück in den Tierpark zog, konnte er mit den anderen Lemuren kaum etwas anfangen. Auch heute, wo er sich mit seinem Neffen Angelo und zwei Rotbauchmakis die Insel teilt, freut er sich am meisten über Menschenbesuch. So sehr, dass er ganz aufgeregt wird. Dann ist die Hölle los. Varis schreien irre laut. Kein Wunder, dass die Tiere Lemuren heißen. So nannten die Römer ihre

Totengeister. Wenn einer mit diesem Erregungsschrei anfängt, brüllen alle anderen mit, bis ihre blaue Zunge schlapp aus dem Maul hängt.

In freier Wildbahn haben die Tiere so ihr Revier abgegrenzt und sich gewarnt. Das machen sie im Tierpark auch, wenn ein Flugzeug Richtung Schönefeld fliegt. Die Varis denken dann, ein Raubvogel greife sie an.

Nach dem Schreien kommt das Schmusen, im Vari-Wald, der neben Gustavs Insel liegt. Die schwarz-weiß gefärbten Tiere und ihre rotfelligen Artgenossen sind ungehemmt. Sie rücken jedem auf den Pelz und schnuppern an Hintern, Ohren, Nase und in Mundwinkeln. Die Stammgäste in dem Besuchern zugänglichen Riesenkäfig lieben es. „Felix, Flip, Louis, Robin, Thorsten" – viele Besucher beten die Namen der Tiere herunter wie ein Mantra, ein Schutzgebet. Schutz haben die Varis nötig. Sie gelten als vom Aussterben bedroht und stehen in der höchsten Gefährdungskategorie der Roten Liste der Weltnaturschutzorganisation (IUCN). In Madagaskar wird ihr Lebensraum abgeholzt, nur Regenwaldinseln bleiben übrig. „Dadurch können die einzelnen Vari-Gruppen nicht mehr zueinanderfinden, um sich genetisch auszutauschen", sagt Pauly. Europäische Zoos bauen eine Reservepopulation auf, und der Tierpark Berlin macht mit. Von 1988 bis 2008 wurden hier 36 schwarz-weiße Varis geboren. Sie beherrschen eine Eigenart, die Varis in den Augen der Madagassen einst zu heiligen Tieren machte: Sie breiten Arme und Beine aus und halten ihr Gesicht der Sonne entgegen. Minutenlang. Stillsitzen und die Sonne anbeten. „Sie chillen", sagt Pauly. Ruhe vor dem nächsten Sturm in der Baumkrone.

SCHWARZ-WEISSER VARI

(Varecia variegata)

HERKUNFT
Madagaskar, Regenwälder im Osten der Insel

GRÖSSE
von Kopf bis Rumpf bis zu 57 cm, der Schwanz ist mit bis 65 cm länger

GEWICHT
bis 4 kg

NAHRUNG
Früchte

STATUS
vom Aussterben bedroht

BESTAND
nicht genau bekannt

ZUCHT
EEP* für den Schwarzweißen Vari in Knuthenborg (Dänemark); das Internationale Zuchtbuch führt der Zoo St. Louis (USA)

SONSTIGES
Der für Besucher zugängliche Vari-Wald ist von Frühjahr bis Herbst geöffnet

* EEP Europäisches Erhaltungszuchtprogramm

?

Wusstest du schon,

dass die Tiere nach den Lemuren benannt wurden: römischen Totengeistern, die keine Grabstätte bekommen oder zu Lebzeiten Straftaten begangen hatten.

Pfoten wie Schneeschuhe

Vielfraße lassen sich nicht von Autos überfahren. „Dazu sind sie zu schlau“, sagt Oliver Goetzl. Der Filmemacher klingt stolz, wenn er über seine Lieblingstiere spricht: die Vielfraße. Seit zwölf Jahren sind der Zoologe Goetzl und sein Kollege Ivo Nörenberg den Raubtieren auf der Spur: in Norwegen, in Finnland, in Russland, in Schweden und im Sommer 2011 auch in Kanada. Näher liegt da der Tierpark. Dort stellt Reviertierpfleger Michael Horn klar: „Verfressen sind sie nicht.“ Er meint seine Schützlinge Belana (geboren 2004) und Manuel (ein Jahr jünger). Die beiden fressen Ratten, Kaninchen, Küken, Bananen, Kiwis und Apfelsinen.

Vielfraße können zwar gut klettern, sind aber weder Bären noch Katzen, sondern die größte Land-Marderart, die es gibt, da sie ohne Schwanz bis zu einem Meter lang werden können. Sie haben breite, kurze Pranken, wie gemacht, um damit Beute im Tiefschnee zu jagen. Anders als Hirsche sinken sie nicht ein, weil ihre Pfoten wie Schneeschuhe funktionieren.

Das Raubtier heißt im Englischen „wolverine“, hat aber bis auf die Ausdauer – es kann Dutzende von Kilometern am Stück laufen – wenig mit dem gleichnamigen Helden aus der Comic- und Kino-Serie „X-Men“ zu tun. Eine Sache aber haben sie immerhin gemeinsam: Kinostar Hugh Jackman alias Wolverine hat Groupies – der Vielfraß seine Fans.

Goetzl und Nörenberg zum Beispiel. Die beiden Hamburger Dokumentarfilmer wurden von Antti Leinonen inspiriert. Der Finne begleitet die „Bärenmarder“ seit mehr als 20 Jahren. Seine Aufnahmen sind einzigartig – und preisgekrönt.

Vielfraße gelten als Einzelgänger. Doch Goetzl und Nörenberg konnten in ihrer Dokumentation nachweisen, dass sie zumindest periodisch in Familienclans leben: „Wir hatten häufiger bis zu drei Generationen in einem Bild und die Großmutter fungierte vorübergehend als Milch-Amme für ihre Enkel.“

Sie jagen meist in der Dämmerung und das lautlos. Manche Indianer, sagt Horn, verehrten sie als Gottheit, andere bekämpften sie als Dämonen – oder Rentierkiller. Dritte gehen ihnen an den Kragen, weil ihr dicker Pelz als chic gilt.

Deshalb sind Vielfraße nach Angaben der Weltnaturschutzunion in bestimmten Ländern gefährdet: 800 Gulo gulo – das ist der wissenschaftliche Name – sollen noch in Schweden, Norwegen und Finnland leben. „Ende 2009 gab es in 28 Zoos in Europa 71 Tiere“, sagt Tierparkkurator Florian Sicks. Belana stammt aus dem Zoo Salzburg, Manuel aus Magdeburg. Ein Norweger war der erste Vielfraß, den die Hamburger Filmemacher 1999 vor ihre Kamera bekamen. Das Tier war auf der Flucht vor Moschusochsen. Goetzl und Nörenberg gewannen später mit ihrer einzigartigen, in Finnland gedrehten Vielfraß-Monografie 30 Filmpreise – kein Wunder, dass ihre Firma „Gulo Film Productions“ heißt.

VIELFRASS

(Gulo gulo)

HERKUNFT
Nordamerika, -europa und -asien

GRÖSSE
von Kopf bis Rumpf bis zu 1 m. Der Schwanz hat zusätzlich rund einen Viertelmeter Länge.

GEWICHT
Männchen bis 32 kg,
Weibchen bis 20 kg

NAHRUNG
vom Vogelei bis zum Elch, gelegentlich auch Aas

STATUS
gering gefährdet, aber auf der Vorwarnliste der IUCN*

BESTAND
in Europa rund 2.260 Individuen

ZUCHT
EEP** in Nordens Ark in Schweden

* IUCN International Union for Conservation of Nature, erstellt die Rote Liste gefährdeter Arten

** EEP Europäisches Erhaltungszuchtprogramm

?

Wusstest du schon,

dass neugeborene Vielfraße gar nicht braun sind, sondern schneeweiß und außerdem auch blind? Sie kommen im Winter in einer Schneehöhle zur Welt und sind so besonders gut getarnt.

Im Wolfspelz

Cosmo ist kein böser Wolf. Selbst wenn Revierchef Michael Horn sich als Rotkäppchen und Großmutter gleichzeitig verkleiden würde, Cosmo käme nicht zu ihm ins Haus. Der Alpha-Rüde ist schlau. Futterstelle hin oder her – das Gehege-Haus im Tierpark bedeutet Gefahr, eingesperrt zu werden. Beta-Rüde Titan und der Rest des Rudels würden mächtig Stunk machen, um Cosmos Job als Anführer zu ergattern. So schickt der Leitwolf seine Jungs zum Futtern rein, er selbst sichert im Freien den Fluchtweg ab. Oder er verbietet allen den Zugang zur Quelle. Der Stammvater aller Hunde ist misstrauisch. Zu Recht: In Deutschland wurden Wölfe vor 150 Jahren ausgerottet. Sie wandern erst seit einigen Jahren wieder ein. In der brandenburgischen Lausitz lebten im September 2010 eine Wolfsfamilie und zwei kinderlose Paare. Grunewald und Köpenicker Forst sind noch wolfsfrei. Wer Europäische oder Eurasische Wölfe garantiert sehen will, muss in den Tierpark. Dort wartet Cosmo morgens darauf, dass sein Rudel mit vollem Magen aus der Hütte kommt. Jeder würgt dem Boss Küken und Rind raus. Wer nicht mitmacht, kriegt Kloppe.

Im Frühjahr hat Cosmo besonderen Stress. Da liegt dieser Lockduft in der Luft, den Leitwölfin Navdi im Urin abgibt. Cosmo muss knurren, Zähne fletschen und Pfotenhiebe austeilen, damit sich außer ihm niemand mit Navdi paart. In Wolfsrudeln haben die Geschlechter eigene Hierarchien.

Es gibt also je einen Chef und eine Chefin. Nur die Alphatiere pflanzen sich fort. Um den Nachwuchs kümmert sich das ganze Rudel.

Im Zoo wurde 2009 ein neues Rudel Polarwölfe zusammengestellt, die bereits drei Jungtiere bekommen haben. Unterirdisch. „Wie groß die Höhlen sind, wissen wir nicht. Wir kriechen den Wölfen nicht hinterher", sagt Zoo-Tierpflegerin Sylvia Weckert. Die Jungtiere krabbeln regelmäßig an die frische Luft und jagen sich durchs Gras. Nach außen halten Wölfe zusammen. Berlins Polarwölfe können seit 2002 die Anlage der Braunbären besuchen. Dort zwacken sie die schwerfälligen Bären in Teamarbeit in den Hintern und flüchten durch eine schmale Lücke auf eigenes Terrain.

Polarwölfe stammen aus den weit im Norden gelegenen Polargebieten Kanadas und Grönlands. Sie leben im Schnee, zur Tarnung ist ihr Fell so hell. Als Schutz vor der Kälte – die Temperaturen können minus 50 Grad betragen – sind Ohren, Schnauze und Beine kürzer als bei anderen Wolfsarten.

Wölfe sind sozial und werden doch verkannt. Isegrims schlechter Ruf schallt schon durch das Neue Testament: So warnt Matthäus vor falschen Propheten, die in Schafskleidung kommen, inwendig aber reißende Wölfe sind. Jeder Schäfer würde das unterschreiben. Tierpfleger nicht. „Wölfe sind weder böse noch blutrünstig", sagt Horn. Sie jagen im Rudel und greifen sogar Hirsche und Elche an. Sie erbeuten alte und kranke Tiere und regulieren so den Wildtierbestand. An Rotkäppchen und Großmüttern haben sie kein Interesse.

WOLF

(Canis lupus)

HERKUNFT
kanadische Arktis und Grönland (Polarwolf); Europa, Skandinavien, Russland, China, der Mongolei und im Himalaya (Eurasische Wölfe).

GRÖSSE
Schulterhöhe bis 0,80 m

NAHRUNG
mittelgroße bis große Huftiere

STATUS
Polarwolf wird legal bejagt, der Eurasische Wolf wird in einigen Gebieten gejagt, in anderen geschützt, (Deutschland)

BESTAND
stabil

?

Wusstest du schon,

dass eine Wolfsmutter der Sage nach die Stadtgründer Roms, Romulus und Remus, genährt hat?

Ohren wie Tüten

Grevy ist weder ein Fluss in Kenia noch ein Dorf in Äthiopien – dort im trockenen Grasland leben die letzten Zebras der Art. Jules Grévy war ein Anwalt und mächtiger Mann: Von 1879 bis 1887 lenkte er die Geschicke Frankreichs als Staatspräsident. In der Zeit, im Jahr 1882, hat der französische Zoologe Émile Oustalet die Zebras wissenschaftlich beschrieben und nach seinem Staatschef benannt. Honi soit, qui mal y pense – ein Schelm, wer Böses dabei denkt.

Die Grevy-Zebras wurden früher Riesenzebras genannt. Dieser Name nun ist wörtlich zu nehmen: Mit bis zu 1,50 Meter Widerristhöhe sind sie die Größten im Zebra- und Pferdereich. Ihre Ohren sind wie Tüten geformt und sie haben wunderschönes, eng gestreiftes Fell. Doch die Schönheit, sie brachte Schrecken und Verderben. Lange wurden Grevys bejagt. „Die Weltnaturschutzunion schätzt den Bestand nur noch auf rund 2000 Tiere", sagt Tierpark-Kurator Florian Sicks. Der Diplom-Biologe führt als weitere Bedrohungsfaktoren den Verlust des Lebensraumes, die Überweidung des Graslandes und Wasserknappheit ins Feld.

Im Tierpark kann die Gruppe der Grevys sorglos grasen und galoppieren. Tierpfleger Wolfgang Riesbeck ordnet sie charakterlich ein zwischen seinen Hartmann-Zebras – „die vertragen wie Kaltblüter am meisten Stress" – und den Chapman-Zebras, den „Sensibelchen".

In freier Wildbahn bilden die Grevys Stutenherden, Hengste leben territorial. Die Stuten ziehen umher und kommen mit den Hengsten nur zu „One-Day-Stands“ zusammen. Damit daraus im Tierpark keine „Every-Day-Stands“ werden, sperrt Riesbeck das Gehege seines Hengsts Fritz gelegentlich ab. Den biologischen Auftrag erfüllt das 1999 geborene Tier trotzdem. Am 13. September 2010 gab es Familienzuwachs: Das Fohlen heißt Florian und ist das zehnte Jungtier der 1990 ebenfalls im Tierpark geborenen Lilli. Alle Namen haben die Tierpfleger ausgesucht.

Zu sehen sind im Tierpark zwei weitere Zebraarten. Für die Bergzebras war der Forschungsreisende Georg Hartmann Namensgeber. Die Steppenzebras sind nach James Chapman, einem englischen Naturforscher, benannt.

Grevy-Zebras leben auch im Zoo, zusammen mit den südafrikanischen Oryxantilopen. Nachts sind sie im geschichtsträchtigen, 1910 erbauten „Persischen Turm“ aufgestellt. Sie tragen ihren Sträflingsanzug eng gestreift. Nur der Bauch bleibt blank. Anders ihre Nachbarn, die Böhmschen Steppenzebras: Sie haben kurze Beine und breite Streifen, die sich über den Bauch ziehen. Das Chapman-Zebra hat im Unterschied dazu braune Zwischentöne. Und die Hartmannschen Bergzebras haben einen streifenfreien Bauch und Querstreifen nur auf den Oberschenkeln.

?

Wusstest du schon,

dass es unterschiedliche Erklärungen für die Zebrastreifen gibt? Manche Wissenschaftler sagen, sie dienen der Tarnung, andere erklären,die Streifen würden Tsetsefliegen verwirren. Dritte halten sie für eine Art Passbilder, anhand derer sich geeignete Geschlechtspartner einer Art erkennen. Und Vierte sprechen von Thermoregulation, weil schwarze Farbe die Sonne anzieht, weiße sie abstrahlt und sich so kühlende Luftwirbel über dem Zebrafell bilden.

GREVY-ZEBRA

(Equus grevyi)

HERKUNFT
Kenia, Äthiopien

GRÖSSE
Schulterhöhe
1,25 bis 1,50 m

GEWICHT
350 bis 430 kg

GESCHWINDIGKEIT
60 km/h

NAHRUNG
Pflanzenfresser;
Gras und Kräuter

STATUS
bedroht

BESTAND
rund 2.000

ZUCHT
EEP* im Zoo Marwell,
Großbritannien

* EEP Europäisches Erhaltungszuchtprogramm

Service & Spaß

LAGEPLAN

ANFAHRT

–**Eingang Schloß**
Station Tierpark: Tram M 17, 27, 37;
Bus 194

–**Eingang Bärenschaufenster**
Station U-Bahnhof Tierpark (U 5):
Tram M 17, 27, 37; Bus 296, 396

Tierpark

Somali-
Wildesel
9
15
Giraffen
50
Chapman-
Zebras
35
Pinguine
2
Arabische
Oryx
8
Asiatische
Elefanten
36
19
26
Präriehunde
Tropenhalle
Alfred-Brehm-Haus
Souvenir-
Shop
Seekühe
28
Dickhäuterhaus
Löwen
14
Gayale
47
Vari-Wald
30
10
Panzer-
nashörner
WC
45
Rentiere
39
Afrikanische
Elefanten
Hyänen
Imbiß
Haustier-
anlage
afeteria
Bennett-
Kängurus
20
21
WC
uarien
pageien
Wölfe
49
Freilichtbühne
Streichel-
gehege
WC
22
Spielplatz
Tierkinderzoo
41
Kinder-
cafe
Tierparkförderer
41
Pekaris
Wildschweine
Schloß
riedrichsfelde
Pelikane
34
WC
Axis-
hirsche
Sambar-
hirsche
Atlas-
Hirsche
18
WC
Terrassencafe
7
Eisbären
Vogelschutzlehrpfad
Konzerthalle
Wisente
5
Waldbison
Souvenir-
Shop
WC
Eingang
Bärenschaufenster
P
P
Direktion

ANFAHRT

– **Eingang Löwentor**

Station Bahnhof-Zoologischer Garten

U 2; Tram 100, Bus 200

LAGEPLAN

Zoo

Welches Tier bist Du?

Lernst Du schnell wie ein Seelöwe oder bist Du doch eher ein ein Faultier? Steckt etwa ein echter Zoologe mit Elefantengedächtnis in Dir? Beantworte 30 Fragen und finde heraus, welcher Tier-Typ in Dir steckt.

1. Wie bauen rote Weberameisen ihr Nest?

Sie bilden mit ihren Körpern lange Ketten und bringen so die Kraft auf, die Blätter zusammenzuziehen. Sie halten die Position so lange, bis andere Arbeiterinnen die Blätter verwebt haben. Nach Angaben von Mitarbeitern der Firma Antstore kommen auch Larven zum Einsatz, weil sie eine klebende Substanz absondern. Die Weberinnen nehmen sie in den Mund und bewegen sie zwischen den Blatträndern hin und her.

2. Was passiert mit der Lederhaut am Auge eines Bartgeiers?

Dieser rote Ring leuchtet desto auffälliger, je aufgeregter das Tier ist.

3. Welche Kopfform hat der Waldbison?

Sie sieht aus wie ein Dreieck.

4. Welche Farbe hat das Fell der Eisbären?

Das Fell ist farblos, es enthält keine Farbpigmente. Durch die Reflexion von Sonnenstrahlen wirkt es weiß

5. Sind Elefanten intelligent?

Im New Yorker Bronx Zoo haben Elefanten sich mit ihrem Rüssel vor einem Spiegel selbst abgetastet. Daraus schließen Forscher, dass Elefanten – wie Menschen, Affen und Delfine – über Selbstbewusstsein verfügen. Und Naoko Irie von der Universität Tokio hat beobachtet, dass Elefanten rechnen können. Sie haben sich nämlich immer wieder aus Körben mit Äpfeln diejenigen rausgesucht, in denen ein Apfel mehr lag.

6. Wann spricht man von Eselsohren?

Eselsohren stehen für Schlampigkeit: etwa, wenn die Seiten in einem Buch umgeknickt. Bei Eseln zeigen sie die Stimmung an: hänge Ohren bedeuten Entspannung; aufrecht stehende verraten Neugier.

7. Warum ist das Fell des Faultiers gescheitelt?

Angeblich kann dann das Regenwasser besser abfließen

8. Sind Frösche treu?

Nein. Vermutlich gibt es aber eine Ausnahme: den Falschen Fünfstreifen-Baumsteiger. Sie legen ihre Kaulquappen hoch oben in Bäumen ab und müssen angesichts geringer Nahrungsvorräte in Arbeitsteilung den Nachwuchs aufziehen. Vati bewacht die Kinder, und Mutti bringt das Essen, in diesem Fall ein unbefruchtetes Ei. Das bindet.

9. Was sind Imponiergesten?

Gaur kämpfen ungern bis aufs Blut, auch wenn es um die Führung einer Herde geht. Viel lieber regeln sie ihre Ansprüche, indem sie sich gegenseitig imponieren. Dabei zeigen sie sich gegenseitig ihre Schulterpartien. Diese sehen wegen mächtiger Muskelgruppen wie ein gewaltiger Kamm aus. Der Schwächere räumt dann meistens das Feld.

10. Es ist kein Einkaufsnetz, dennoch sehr feinmaschig – was trägt die Giraffe im Kopf?

Damit ihr das Blut nun nicht zu sehr in den Kopf sackt, wenn sie ihn - etwa zum Trinken - beugt, hat die Giraffe noch eine Besonderheit entwickelt: das Wundernetz. Die verknäulten, feinsten Blutgefäße wirken vor dem Gehirn wie ein Schwamm, saugen Blut auf und geben es bei Bedarf wieder ab, also wenn die Giraffe den Kopf hebt, damit ihr nicht schummrig wird:

11. Was versteht man unter Testbissen?

Haie tragen ihre Geschmacksknospen am Gaumen und im Schlund. Sie beißen in potenzielle Beute hinein, fressen aber nur weiter, wenn sie ihnen schmeckt. Da sie manchmal Menschen beißen, aber nicht verschlingen, gehen Beobachter davon aus, dass sie ihnen nicht munden.

12. Was ist ein Reh – der weibliche Hirsch oder eine eigene Art?

Rehe sind eine eigene Hirschart wie Rentiere oder Atlashirsche.

13. Seit wann gibt es Tüpfelhyänen?

Die afrikanische Tüpfelhyäne, so wie man sie heute kennt, gibt es seit etwa 900.000 bis 250.000 Jahren. Doch Hyänen sind viel älter. Erste fossile Funde sind 23 bis 16 Millionen Jahre alt – und stammen aus Europa.

14. Gibt es in Deutschland wilde Kängurus?

Wohl kaum. Aber Bennett-Kängurus wurden in Deutschland erstmals im Jahr 1887 bei Bonn sowie 1889 in Altdöbern in Brandenburg ausgesetzt. In beiden Fällen vermehrten sich die Tiere in freier Wildbahn, verschwanden aber nach einigen Jahren. Sie wurden wahrscheinlich abgeschossen. Im Tierpark Klüschenberg bei Burg Stargard in Mecklenburg sind im Jahr 2000 mehrere Bennett-Kängurus entwichen. Zwei Jahre lang wurden sie gesichtet.

15. Wozu benutzen Kiwis ihren Schnabel?

Nicht nur zum Fressen. Kiwis stützen sich oft auf ihren Schnabel, wenn sie im Stand ihr Gleichgewicht halten wollen. Der Schnabel ist nämlich sehr lang und leicht nach unten geboren.

16. Wie schwimmen Kraken?

Nach dem Rückstoßprinzip. Sie pumpen dabei einen Schwung Wasser aus ihrer Mantelhöhle und treiben sich so selbst an.

17. Wozu brauchen Nashornleguane ihre Krallen?

Sie graben damit Erdbauten, und sie buddeln Löcher, um ihre Eier abzulegen.

18. Warum schleichen Löwen sich an ihre Beute an?

Manche Tiere würden ihnen sonst davonlaufen, zum Beispiel Zebras, die es auf eine Höchstgeschwindigkeit von 65 Stundenkilometer (km/h) bringen. Löwen schaffen nur 50 km/h.

19. Wie viele Hörner hat ein Nashorn?

Spitzmaulnashörner tragen zwei Hörner. Das Vordere ist etwas länger, von 50 Zentimeter bis einen Meter (das ist aber selten). Panzernashörner haben nur ein Horn.

20. Warum können Orang-Utans so gut klettern?

Unter anderem, weil sie kurze, nach innen einbiegbare Beine haben. Das erleichtert es ihnen, senkrecht an Baumstämmen zu klettern

21. Was machen Pandas anders als andere Bären?

Große Pandas richten sich nicht auf die Hinterbeine auf, sondern fressen im Sitzen. Sie halten auch keine Winterruhe, sondern wandern lediglich in tiefergelegene Regionen.

22. Sind Erdhörnchen das Gleiche wie Erdmännchen?

Nein. Zu den Echten Erdhörnchen gehören die nordamerikanischen Präriehunde und die europäischen Murmeltiere. Erdmännchen sind Raubtiere, sie leben in Afrika

23. Seit wann gibt es Quallen?

Forscher um Paulyn Cartwright der Universität von Kansas haben herausgefunden, dass Fossilien von Quallen in Utah aus dem Mittleren Kambrium stammen. Sie bevölkern also seit mehr als 505 Millionen Jahren die Weltmeere.

24. Wie haben Rentiere ihre Füße an ein Leben in Schnee und Eis angepasst?

Die Hufe der Rentiere sind wie Schneeschuhe sehr breit und durch eine Spannhaut spreizbar. So sacken sie weniger ein.

25. Was sind Halsberger?

So nennt man Schildkröten, die ihren Hals einziehen können

26. Wie lang ist die längste Schlange der Welt?

Die große Anakonda aus Südamerika kann bis zu 9,15 Meter Länge erreichen. Man nimmt an, dass der Netzpython aus Südostasien sogar zehn Meter erreichen kann. Es konnte aber noch nicht nachgewiesen werden. Riesenschlangen sind nicht giftig. Sie töten ihre Beute durch Umschlingen.

27. Sind Seelöwen Einzelgänger?

Nein. Sie leben dicht gedrängt in Kolonien. Der stärkste Bulle thront in der Mitte, umringt von den Weibchen. Jüngere Männchen werden an den Rand gedrängt.

28. Wie viel Kilo Fleisch muss der Sibirische Tiger in der Wildnis im Schnitt pro Tag essen?

Er benötigt 9 bis 10 Kilogramm Fleisch, da er enorme Energiereserven benötigt, um bei dem kalten Klima zu überleben.

29. Warum wird der Vielfraß gejagt?

Arktische Völker schätzen seinen Pelz, der kälteundurchlässig sein soll. Züchter mögen ihn nicht, weil er z.B. ihre Rentiere reißt.

30. Wo kann man in Berlin ein Quagga sehen?

Ein Quagga ist eine bereits ausgestorbene Unterart des Zebra. Im Naturkundemuseum ist ein ausgestopftes Exemplar ausgestellt.

AUSWERTUNG

0 FRAGEN RICHTIG

Deine Karriere kommt so gemächlich in Fahrt – wie ein Faultier

1–10 FRAGEN RICHTIG

Du pickst Dir raus was Du magst – wie ein Kiwi

10–20 FRAGEN RICHTIG

Du lernst so schnell wie ein Seelöwe

20–30 FRAGEN RICHTIG

Elefantengedächtnis – Du bist ein wahrer Tierkenner!

Darf es etwas Besonderes sein?

KINDERGEBURTSTAG
IM ZOO UND IM TIERPARK

MIT TIERISCHEN GÄSTEN GEBURTSTAG FEIERN

Der Kindergeburtstag wird zum einmaligen Ereignis: Mit seinen Freunden und inmitten der Tiere seinen Geburtstag feiern kann man im Zoo Berlin und im Tierpark Berlin. Eine spezielle Führung für Kinder macht den Tag zum Erlebnis mit jeder Menge Spaß.

Zoo Berlin
Tel. 25 40 10

Tierpark Berlin
Tel. 51 53 10

MÄRCHENSTUNDEN
IN DEN HAUPTSTADTZOOS

DIE MÄRCHENHAFTE WELT DER TIERE ERLEBEN

Jeden 1. Sonntag im Tierpark und jeden 3. Sonntag im Zoo werden Kinder in die fantastische Welt der Märchen und Erzählungen entführt und erleben die märchenhafte Welt der Tiere. Im Tierpark finden die Märchenstunden in königlicher Kulisse mitten im Schloss Friedrichsfelde statt. Mitten im orientalisch anmutenden Antilopenhaus vom Zoo Berlin werden die kleinen Zoobesucher verzaubert und erleben die Tierwelt von einer ganz anderen Seite.

Zoo Berlin
Tel. 25 40 10

Tierpark Berlin
Tel. 51 53 10

UNTERRICHT
IN DEN HAUPTSTADTZOOS

MEHR SEHEN
MEHR ERLEBEN
MEHR VERSTEHEN

Die Hauptstadtzoos – Tierpark Berlin und Zoo Berlin – zum Klassenzimmer machen. Schöner und spannender kann Unterricht nicht sein. Mit speziellen Safaris kann ein Unterrichtstag im Tierpark oder im Zoo gestaltet werden und so erfährt man über die Tierwelt sowie die Arbeit der Hauptstadtzoos mehr. Die Tierpark-Schule und die Zoo-Schule bieten Unterrichtsstunden nach den aktuellen Lehrplänen oder den Unterricht unterstützende Wandertage/Projekttage. Natürlich werden auch individuelle Wünsche und Vorstellungen damit einbezogen. Damit werden die Hauptstadtzoos zu einem Ort des Lernens und des Erlebnisses.

Zoo-Schule
Tel. 25 40 13 3
schule@zoo-berlin.de

Tierpark-Schule
Tel. 51 53 11 33
tierparkschule@tierpark-berlin.de

Engagement für ein Stück tierisches Berlin

Bereits seit 1956 kümmern sich die Freunde der Hauptstadtzoos um die Tiere aus Tierpark und Zoo in der deutschen Hauptstadt. Wer Mitglied bei uns ist, unterstützt Tierpark, Zoo und Zoo-Aquarium – die Hauptstadtzoos – in ihren vielfältigen Aufgaben. Neben dem Natur- und Artenschutz sowie der Erholung ist eine Hauptaufgabe dieser tierischen Oasen die Bildung. Hier kann man Tiere hautnah erleben, wissenswertes über sie erfahren. Ein Besuch der Hauptstadtzoos ist wie eine Reise in ein fremdes Land. Nirgendwo sonst in Berlin kann man Elefant, Tiger und Gorilla so nah sein wie in den Hauptstadtzoos.

Damit dieses auch so bleiben kann, fördern wir Zoo, Tierpark und Aquarium auf ganz unterschiedliche Art und Weise. So ermöglichen wir jedes Jahr den Neu- oder Umbau von einer Tieranlage im Tierpark und im Zoo. Die Tiere bekommen so Stück für Stück von uns ein neues Zuhause geschenkt.

Um die neuen Gehege und Anlagen zu bezahlen, sind die Freunde der Hauptstadtzoos auf Hilfe angewiesen. Ganz einfach ist es, wenn man Mitglied bei uns wird. Bereits über 1.600 Menschen, darunter auch viele Kinder, sind diesen Weg gegangen und helfen so den Tieren in Zoo und Tier-

Freunde Hauptstadtzoos

park. Bereits ab 30 Euro pro Jahr können Erwachsene bei uns Mitglied werden, Kinder bis 18 Jahren sogar schon ab 15 Euro. Das sind 2,50 Euro bzw. 1,25 Euro im Monat. So konnten wir in den vergangenen Jahren über 1 Million Euro für Tierpark, Zoo und Zoo-Aquarium spenden.

Als Freund oder Freundin der Hauptstadtzoos wird aber nicht nur der Erhalt dieser tierischen Oasen in der Großstadt gesichert, sondern es gibt auch eine Reihe von Vorteilen, die man genießen kann. Regelmäßig informieren wir über Neuigkeiten aus den Hauptstadtzoos, und wer einmal Tierpark, Zoo oder Zoo-Aquarium besuchen möchte, bezahlt als Mitglied bei uns weniger Eintritt.

Weitere Informationen

Freunde Hauptstadtzoos
Am Tierpark 125
10319 Berlin
Tel. 030 515 314 07
Fax 030 512 40 61
info@freunde-hauptstadtzoos.de
www.freunde-hauptstadtzoos.de

Bankverbindung
Commerzbank Berlin AG
BLZ 120 400 00
Konto 912 900 800

IMPRESSUM

Herausgeber Berliner Morgenpost, Carsten Erdmann (Chefredakteur)
Autorin Tanja Laninger
Fotos Olaf Wagner
Projektleitung Tina Jürgens
Produktmanagement Katrin Luther
Koordination Andra Leisner
Lektorat Hartmut Schönfuß

Gestaltung formlabor, Hamburg
Zeichnungen Ute Kleim
Bildnachweis Titel/U4: iStockphoto.com©victor zastol`skiy/arlindo71/Eric Isselée/Milan Lipowski S. 8/9: iStockphoto.com©Eric Isselée/Jakub Krechowicz/Martin Kraft; S. 210/211: iStockphoto.com© craftvision/Eric Isselée

Vielen Dank Christoph Ruth, Carsten Erdmann, Bernhard Blaszkiewitz, Thomas Ziolko, Ragnar Kühne, Andreas Ochs, André Schüle, Heiner Klös, Peter Griesbach, Tobias Rahde, Rainer Kaiser, Klaus Rudloff, Christian Kern, Falk Dathe, Andreas Pauli, Günter Strauss, Florian Sicks, Martin Kaiser, Marco Hasselmann, Robert Seuntjens, Christian Heller, Ronny Keßner, Dieter Petersen, Ronny Henkel

Grafiken, Lagepläne Gemeinschaft der Förderer von Tierpark Berlin und Zoo Berlin e.V.

Gesamtherstellung Print- und Medienproduktion HH GmbH
Printed in Germany

1. Auflage 2011

www.morgenpost.de

ISBN 978-3-942481-03-8

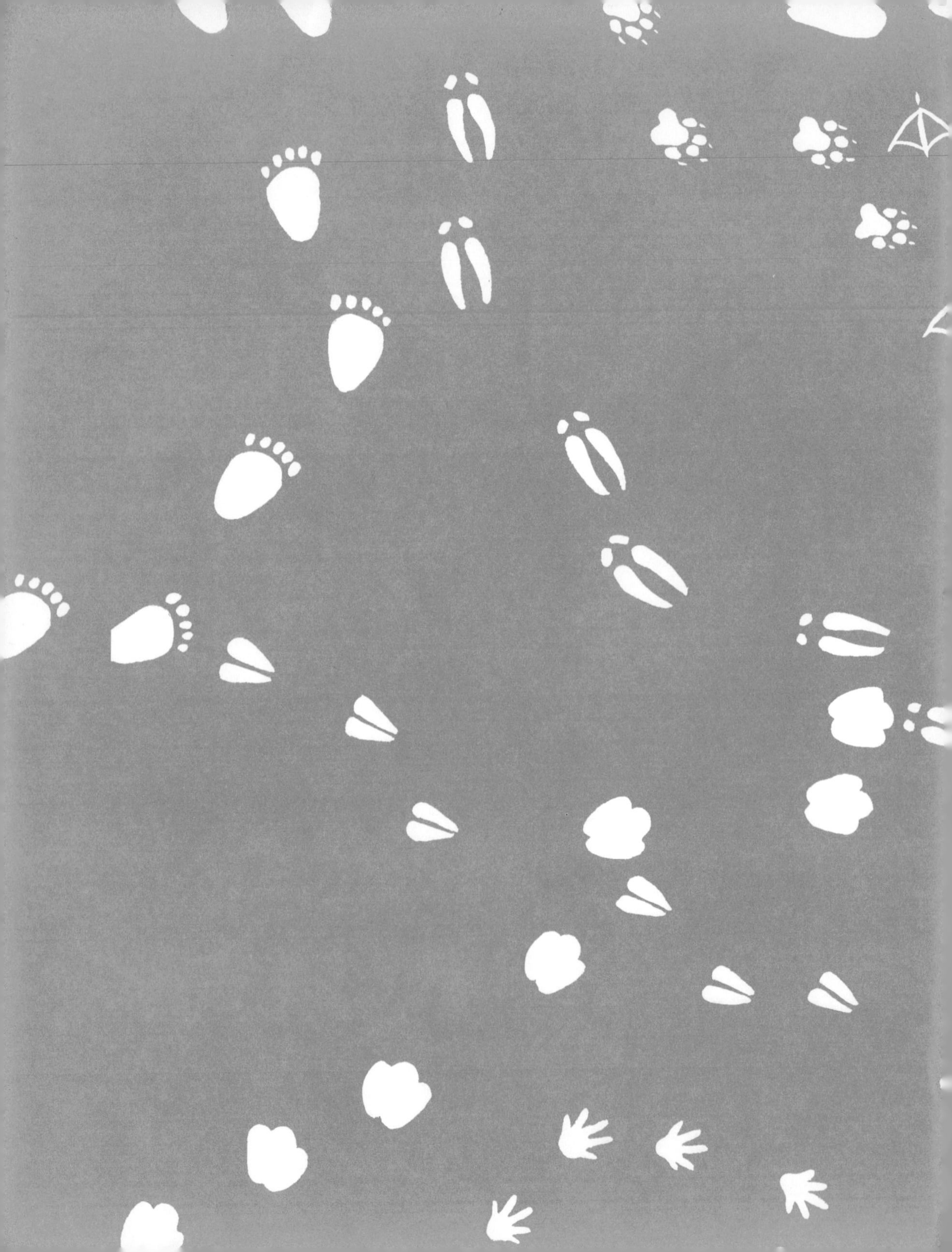